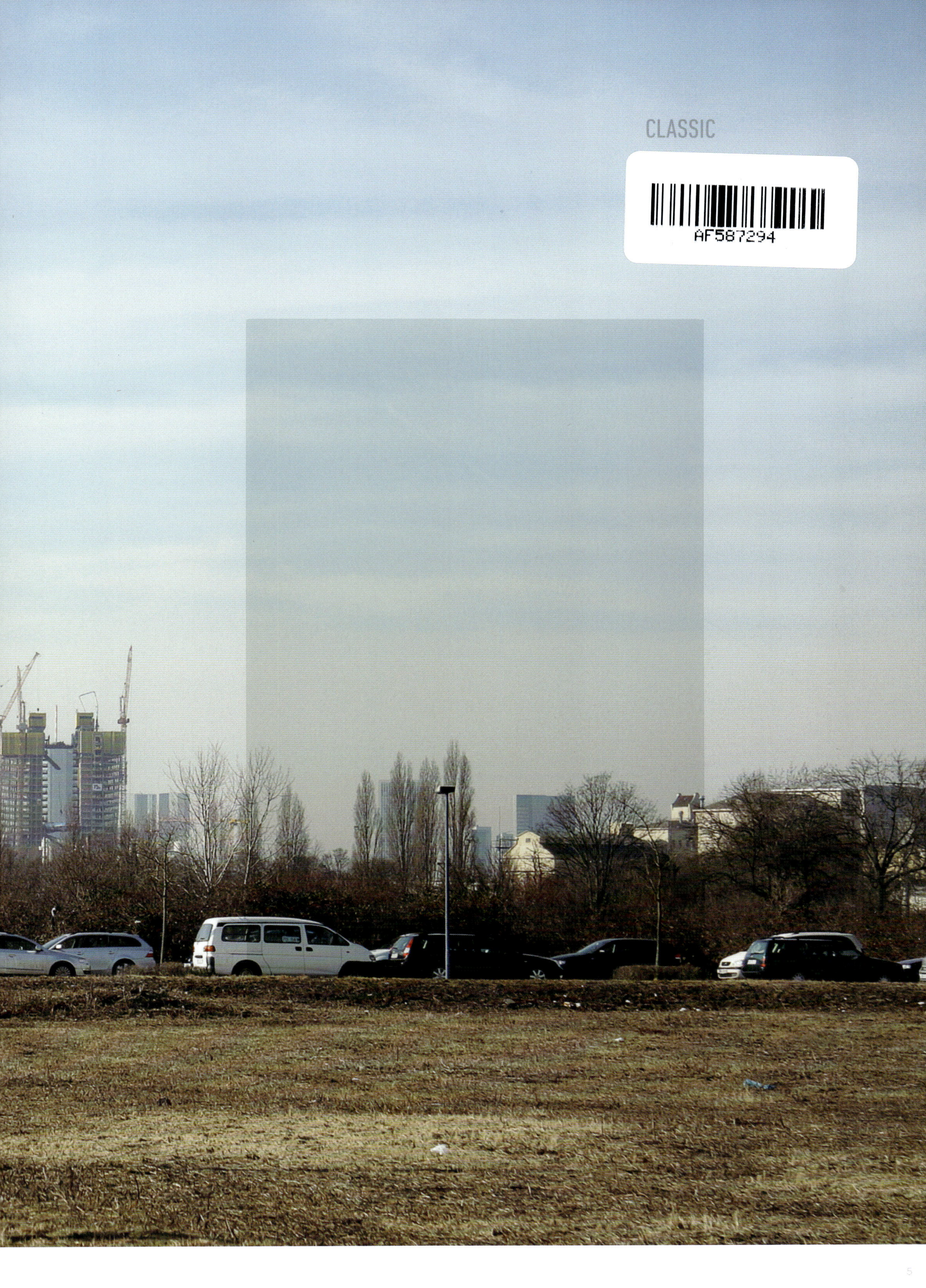
CLASSIC

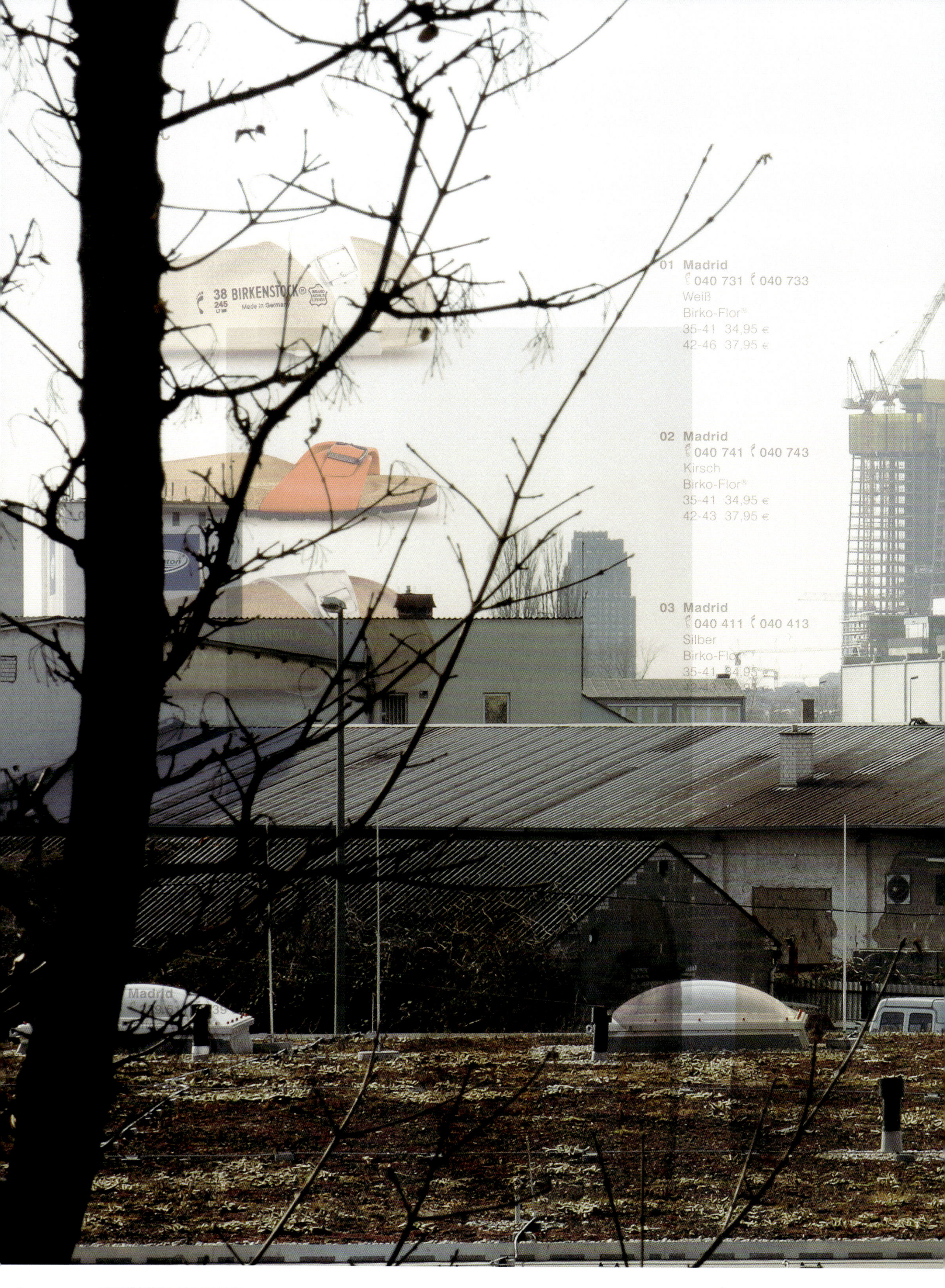
38 BIRKENSTOCK®
245
Made in Germany
01 Madrid
040 731 040 733
Weiß
Birko-Flor®
35-41 34,95 €
42-46 37,95 €
02 Madrid
040 741 040 743
Kirsch
Birko-Flor®
35-41 34,95 €
42-43 37,95 €
03 Madrid
040 411 040 413
Silber
Birko-Flo
35-41

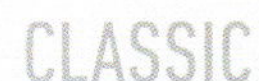
CLASSIC

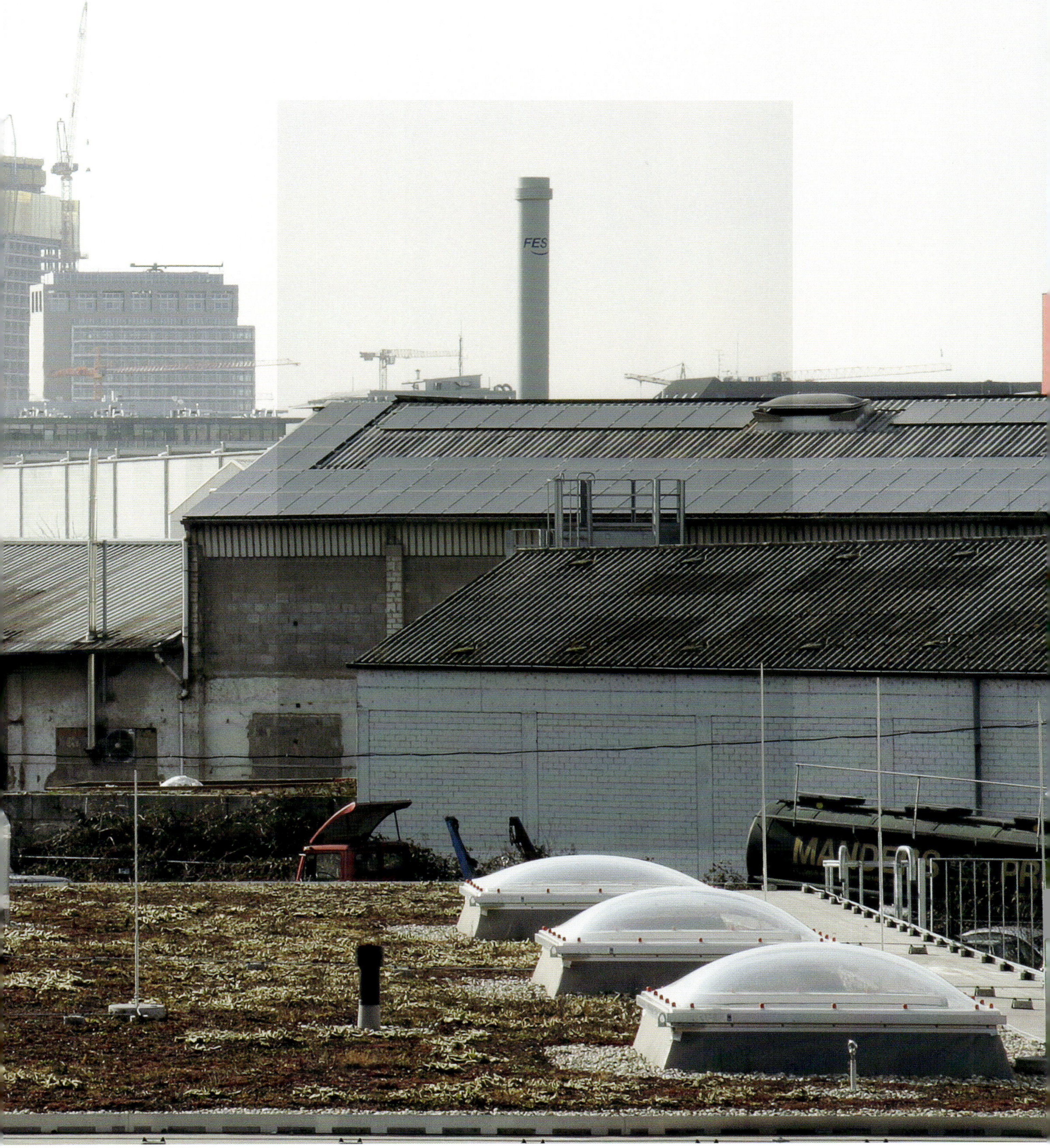

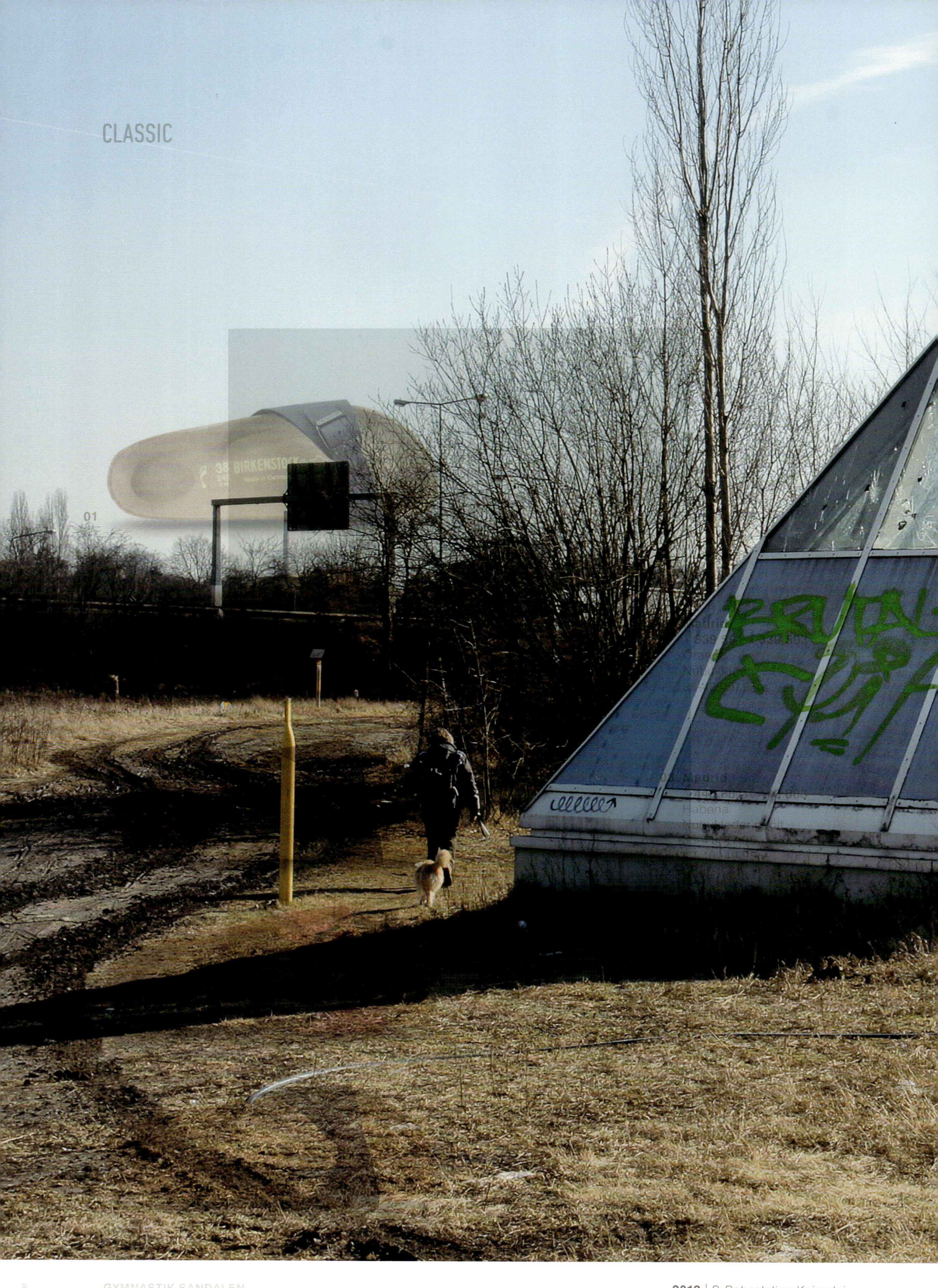
CLASSIC
38 BIRKENSTOCK
01

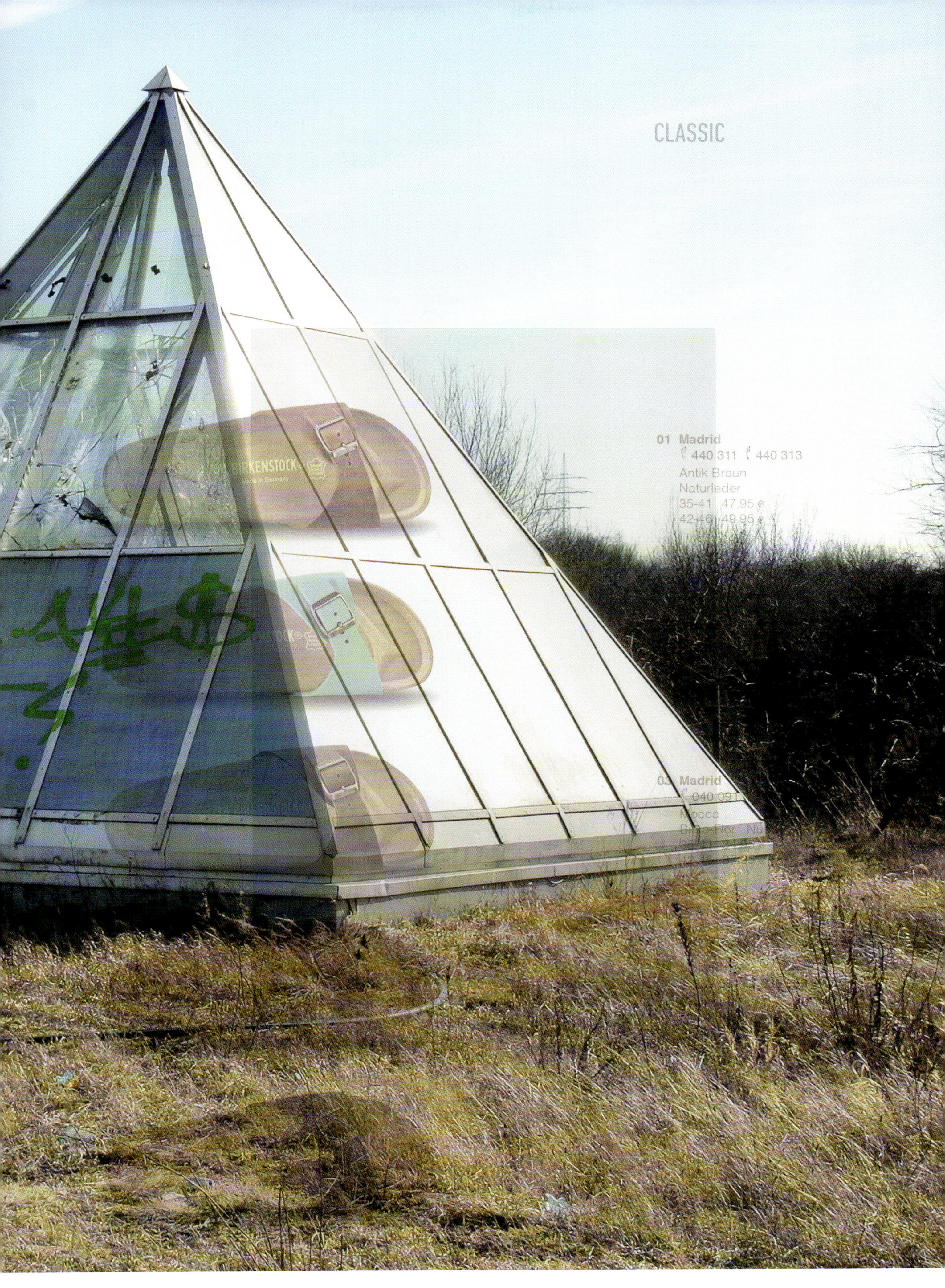

CLASSIC

01 Madrid
440 311   440 313
Antik Braun
Naturleder
35-41 47,95 €
42-46 49,95 €

03 Madrid
040 091
Mocca

CLASSIC

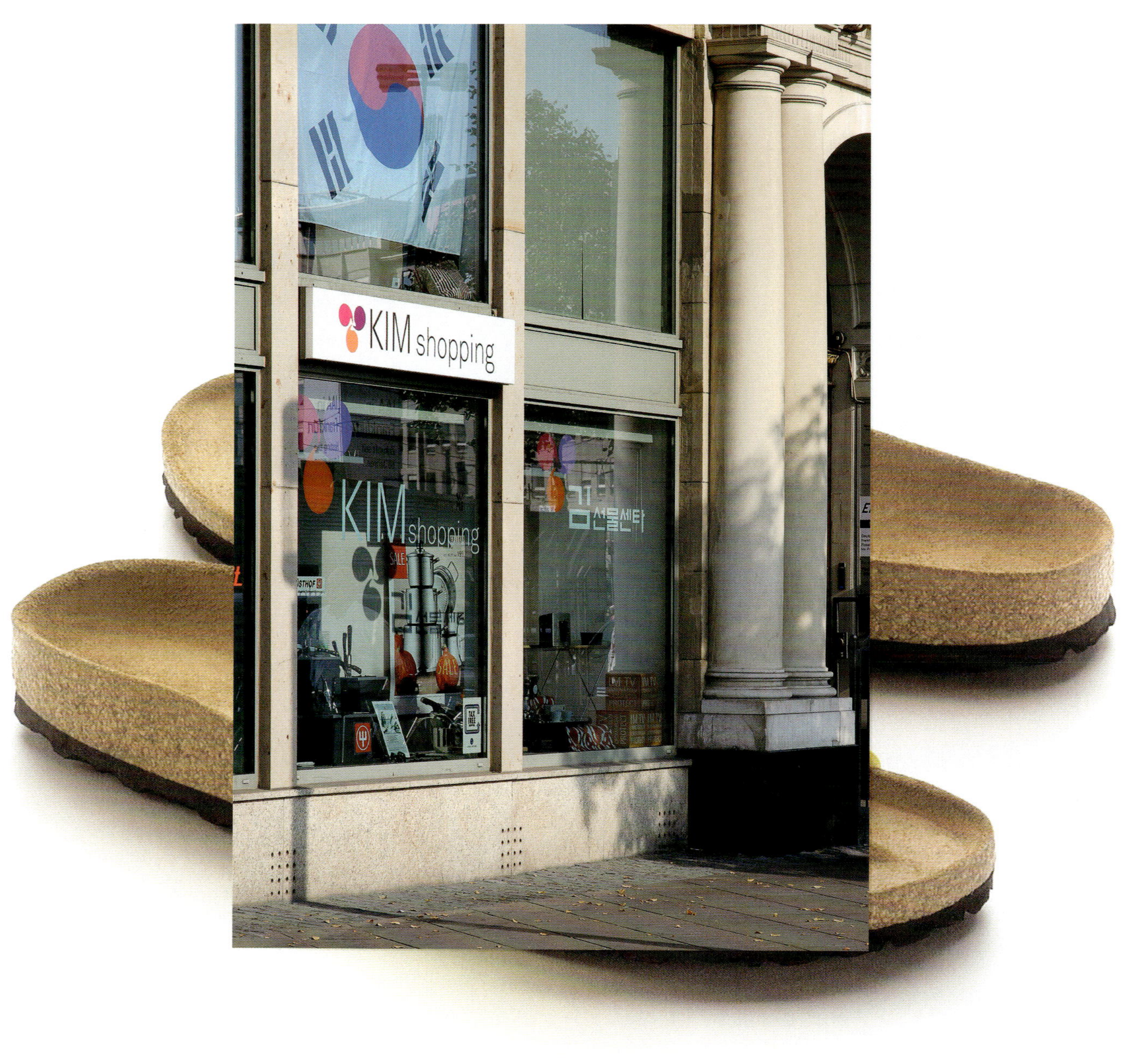

CLASSIC

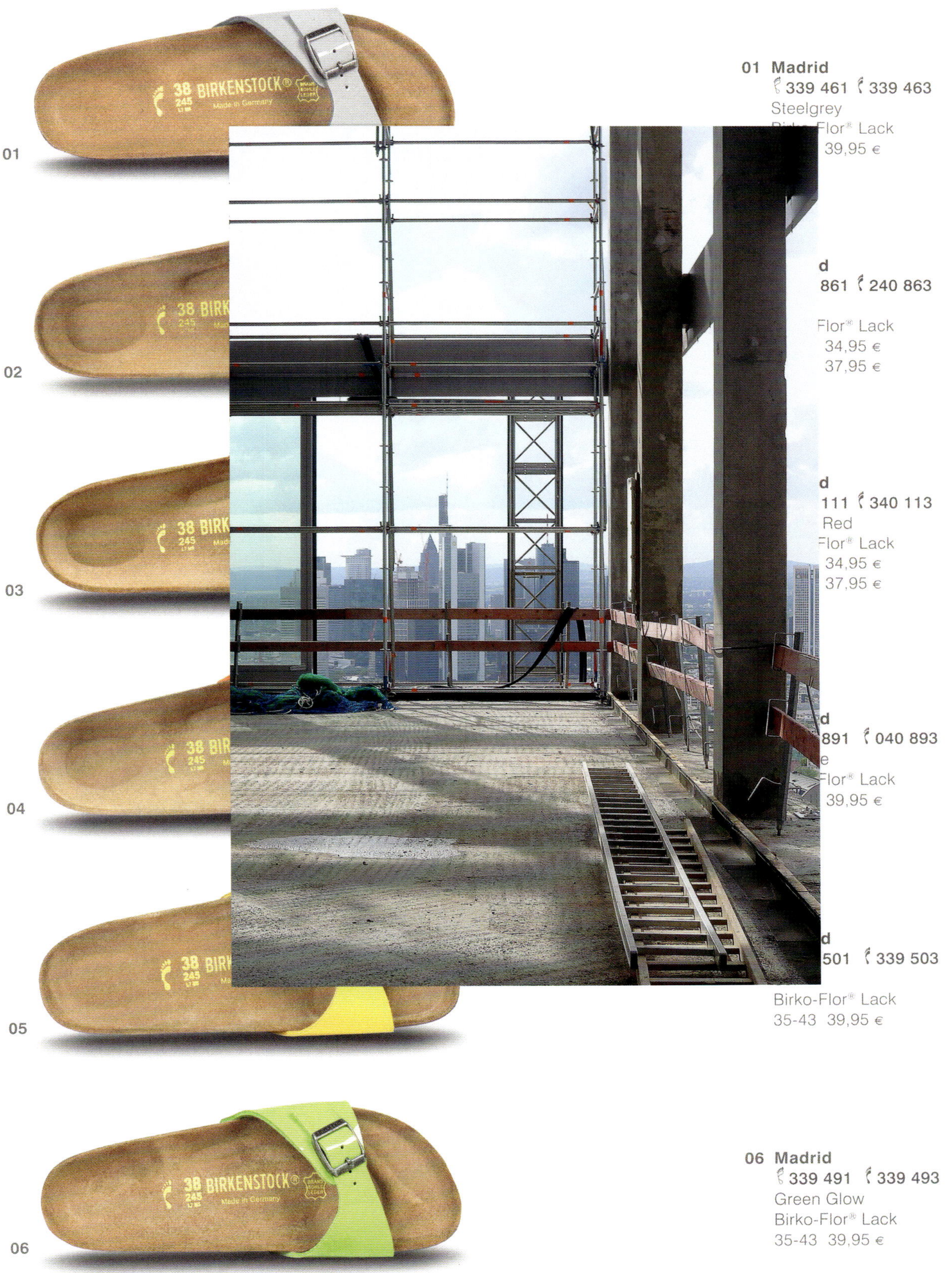

01 Madrid
339 461 339 463
Steelgrey
Birko-Flor® Lack
39,95 €

d
861 240 863
Flor® Lack
34,95 €
37,95 €

d
111 340 113
Red
Flor® Lack
34,95 €
37,95 €

d
891 040 893
e
Flor® Lack
39,95 €

d
501 339 503
Birko-Flor® Lack
35-43 39,95 €

06 Madrid
339 491 339 493
Green Glow
Birko-Flor® Lack
35-43 39,95 €

CLASSIC

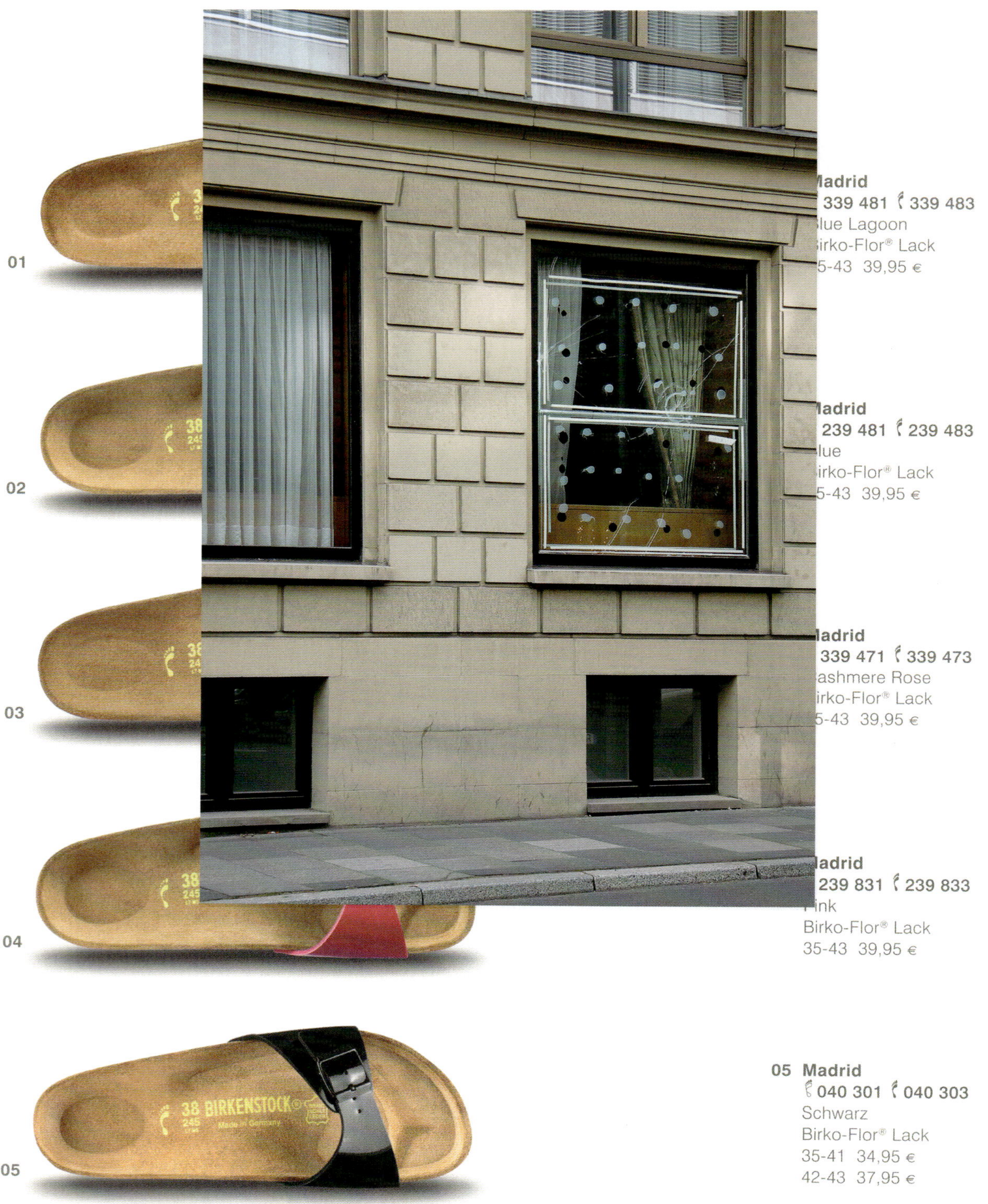

01 ladrid
339 481 339 483
lue Lagoon
irko-Flor® Lack
5-43 39,95 €

02 ladrid
239 481 239 483
lue
irko-Flor® Lack
5-43 39,95 €

03 ladrid
339 471 339 473
ashmere Rose
irko-Flor® Lack
5-43 39,95 €

04 ladrid
239 831 239 833
ink
Birko-Flor® Lack
35-43 39,95 €

05 **Madrid**
040 301 040 303
Schwarz
Birko-Flor® Lack
35-41 34,95 €
42-43 37,95 €

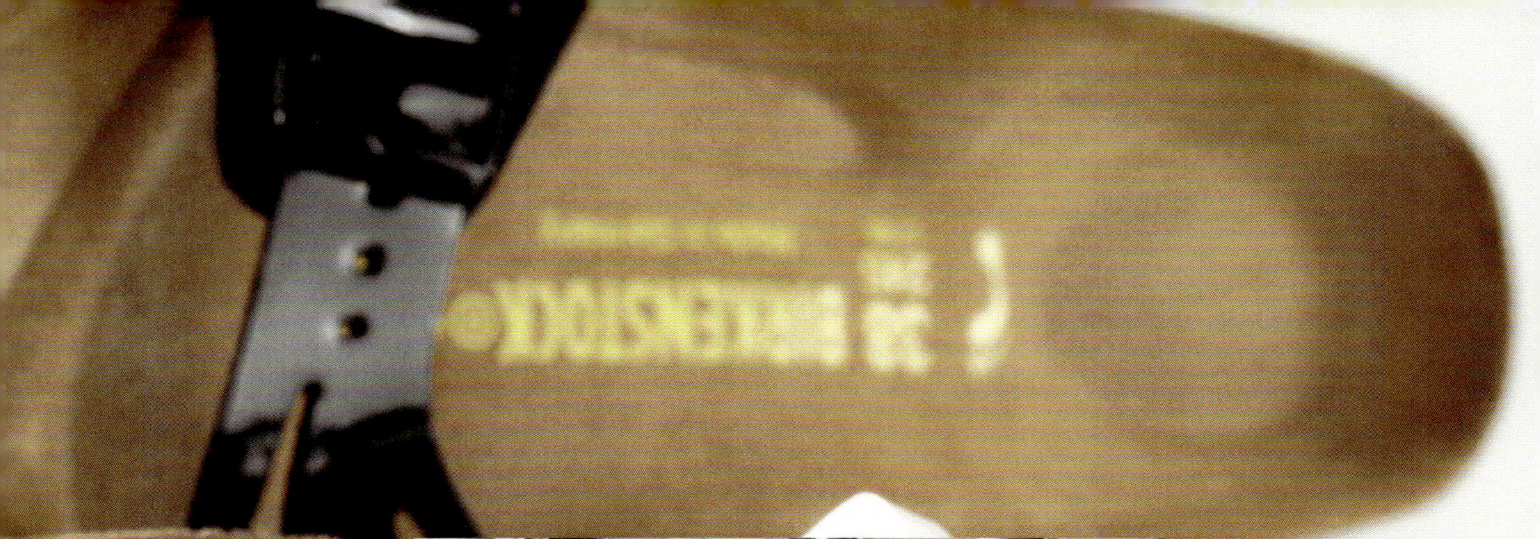

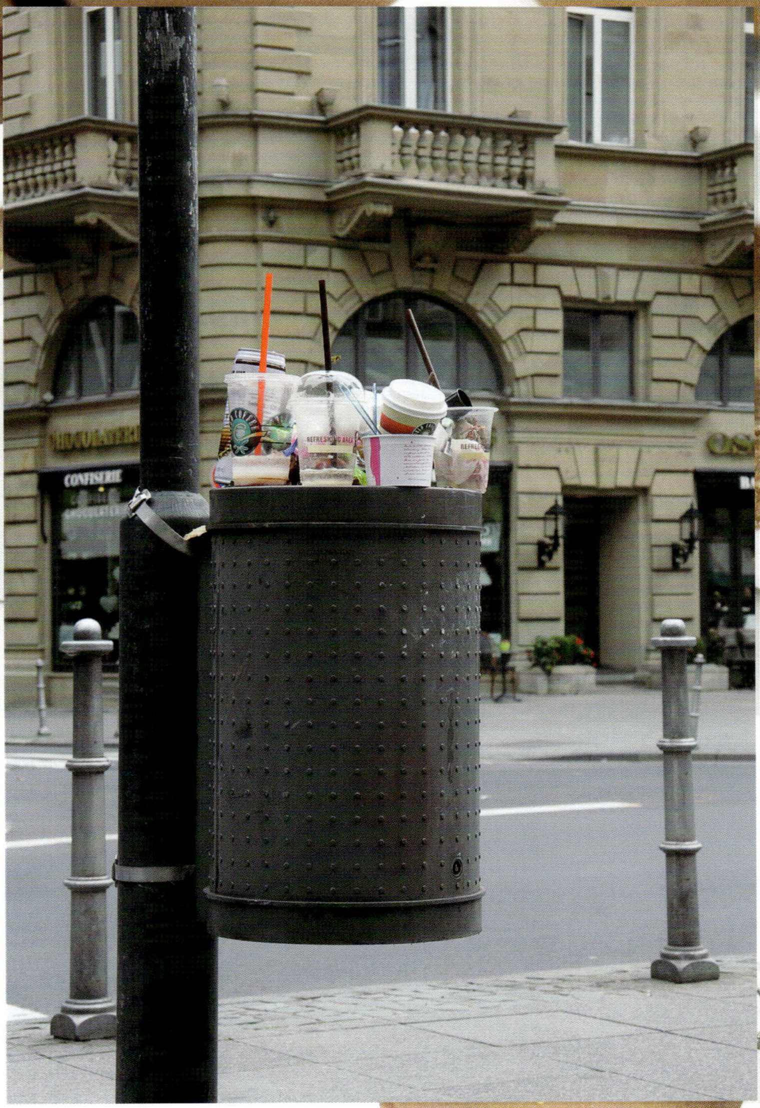

01 **Molina**
169 201 169 203
Weiß
Birko-Flor® Lack
35-43 39,95 €

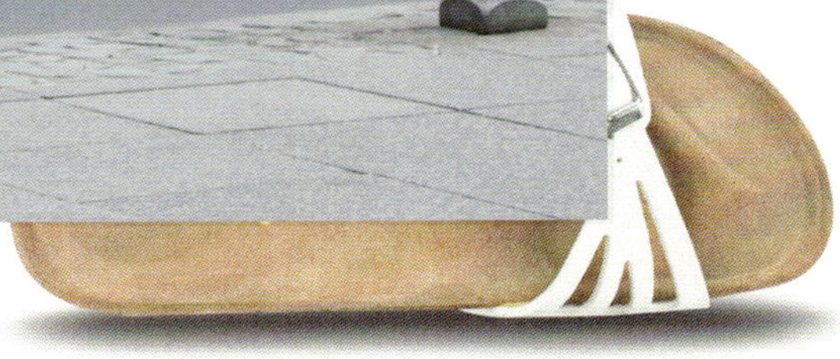

01

02 **Molina**
169 191 169 193
Schwarz
Birko-Flor® Lack
35-43 39,95 €

02

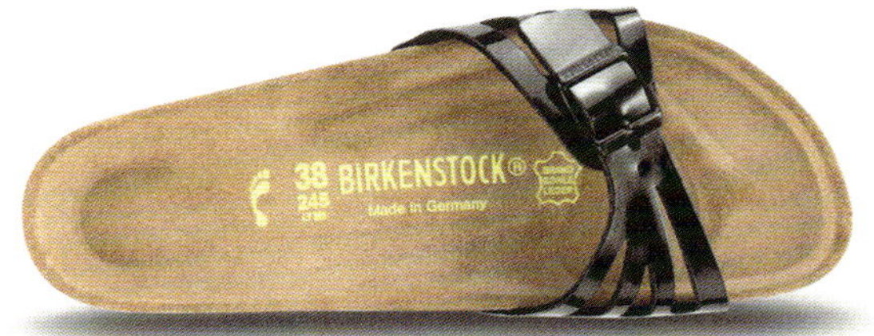

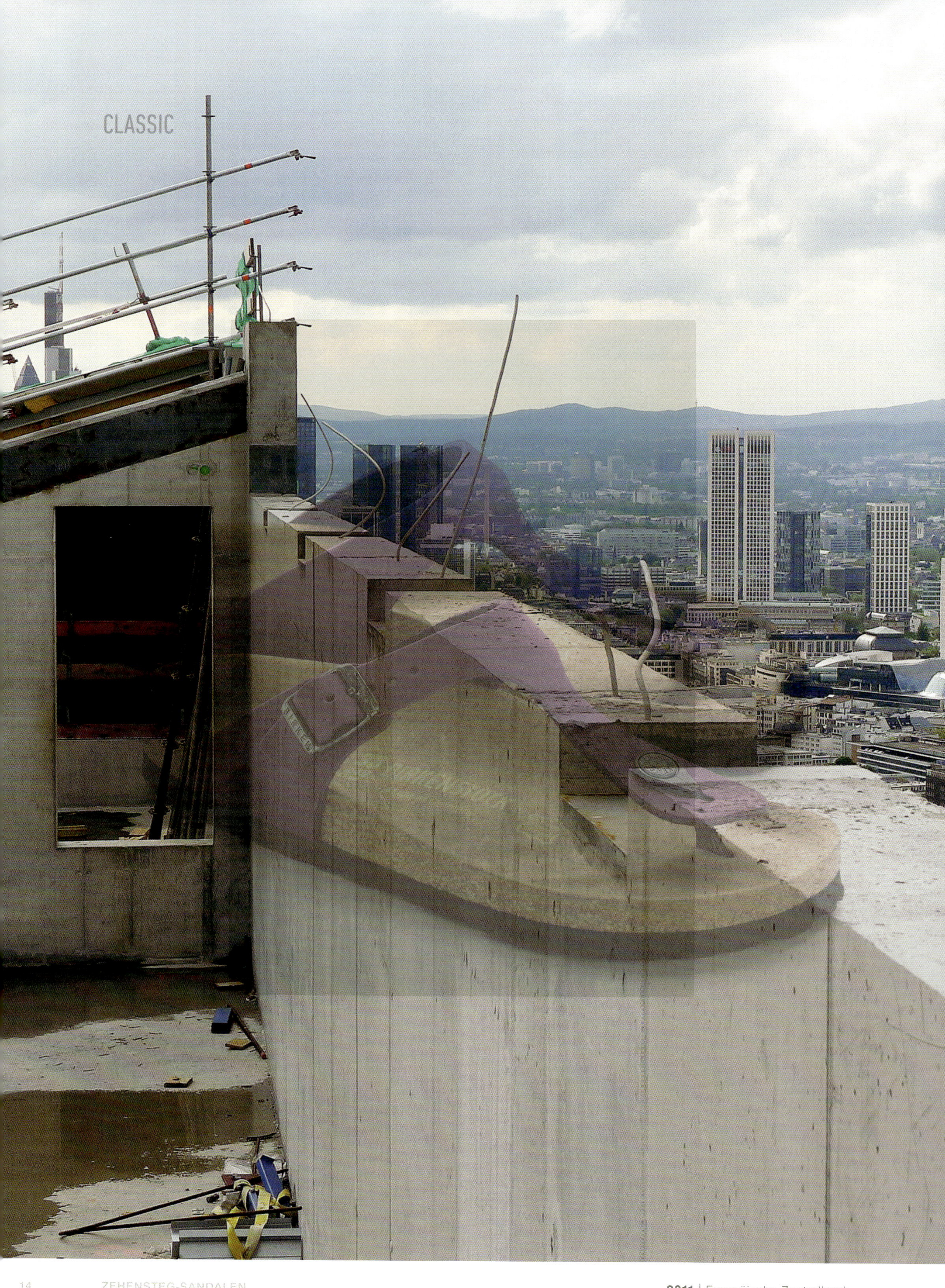
CLASSIC

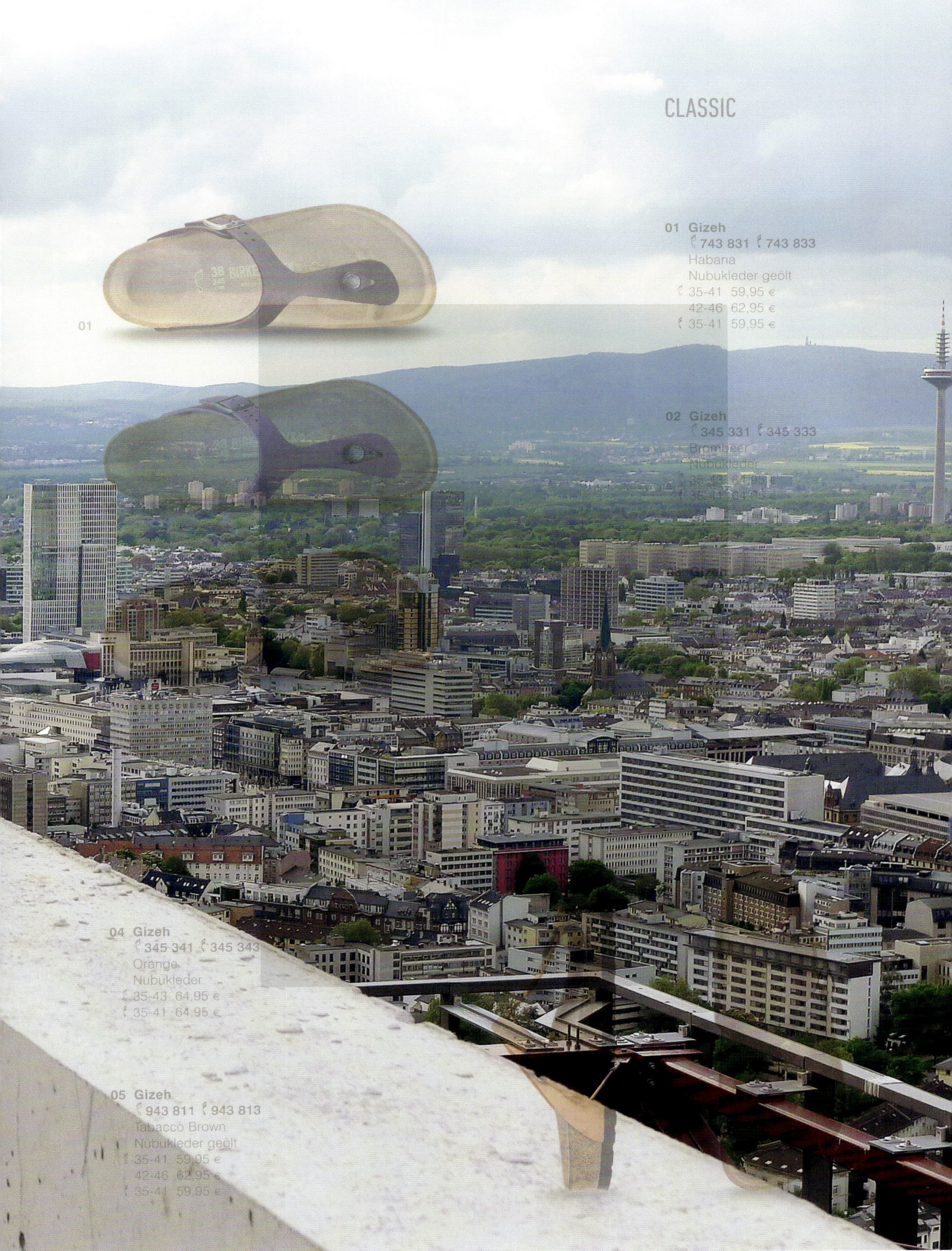

CLASSIC

01

01 Gizeh
743 831 743 833
Habana
Nubukleder geölt
35-41 59,95 €
42-46 62,95 €
35-41 59,95 €

02 Gizeh
345 331 345 333
Brombeer
Nubukleder
[illegible]
[illegible]

04 Gizeh
345 341 345 343
Orange
Nubukleder
35-43 64,95 €
35-41 64,95 €

05 Gizeh
943 811 943 813
Tabacco Brown
Nubukleder geölt
35-41 59,95 €
42-46 62,95 €
35-41 59,95 €

Normale Füße Schmale Füße

CLASSIC

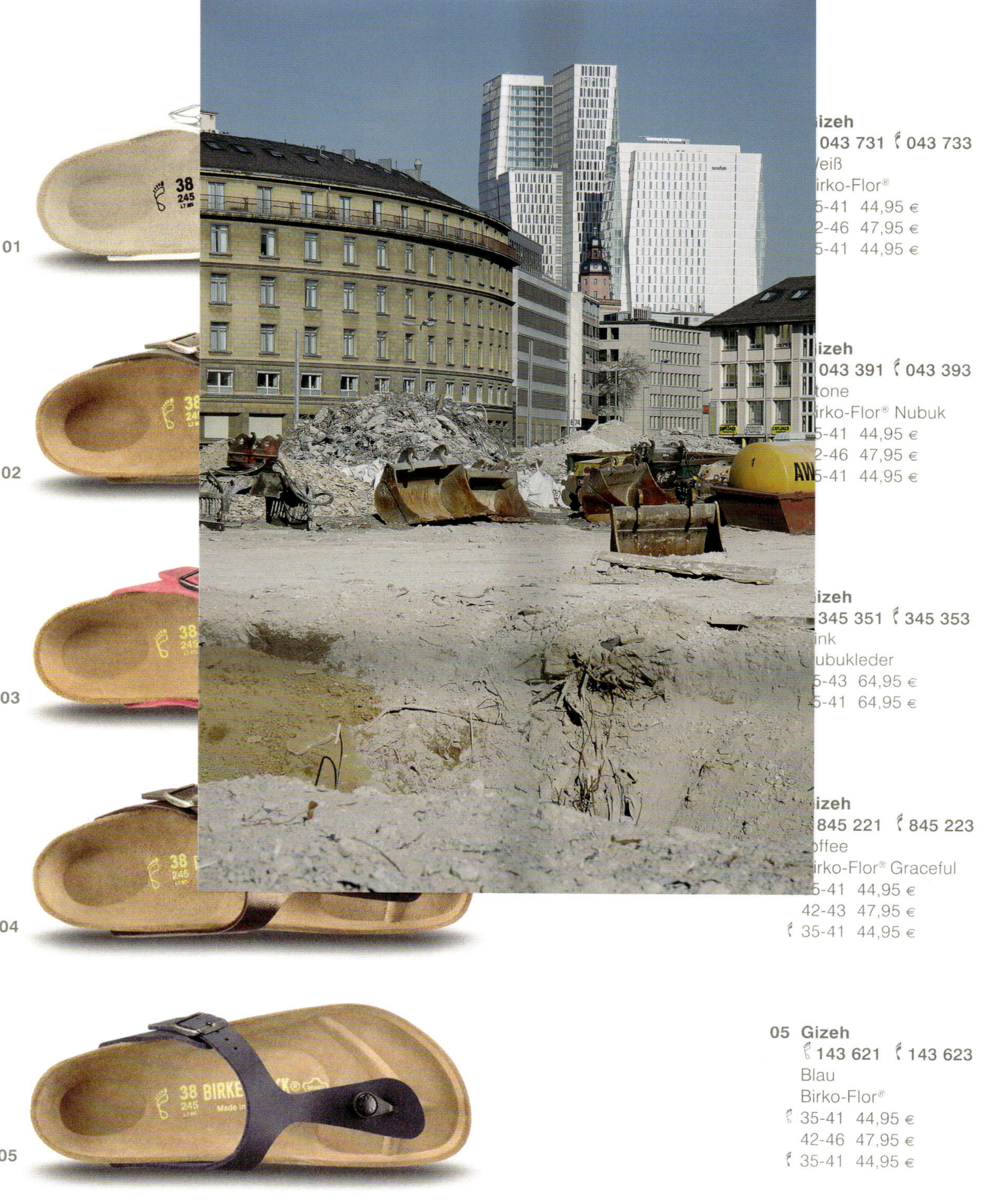

01

izeh
043 731 043 733
/eiß
irko-Flor®
5-41 44,95 €
2-46 47,95 €
5-41 44,95 €

02

izeh
043 391 043 393
tone
irko-Flor® Nubuk
5-41 44,95 €
2-46 47,95 €
5-41 44,95 €

03

izeh
345 351 345 353
ink
ubukleder
5-43 64,95 €
5-41 64,95 €

04

izeh
845 221 845 223
offee
irko-Flor® Graceful
5-41 44,95 €
42-43 47,95 €
35-41 44,95 €

05

05 Gizeh
143 621 143 623
Blau
Birko-Flor®
35-41 44,95 €
42-46 47,95 €
35-41 44,95 €

CLASSIC

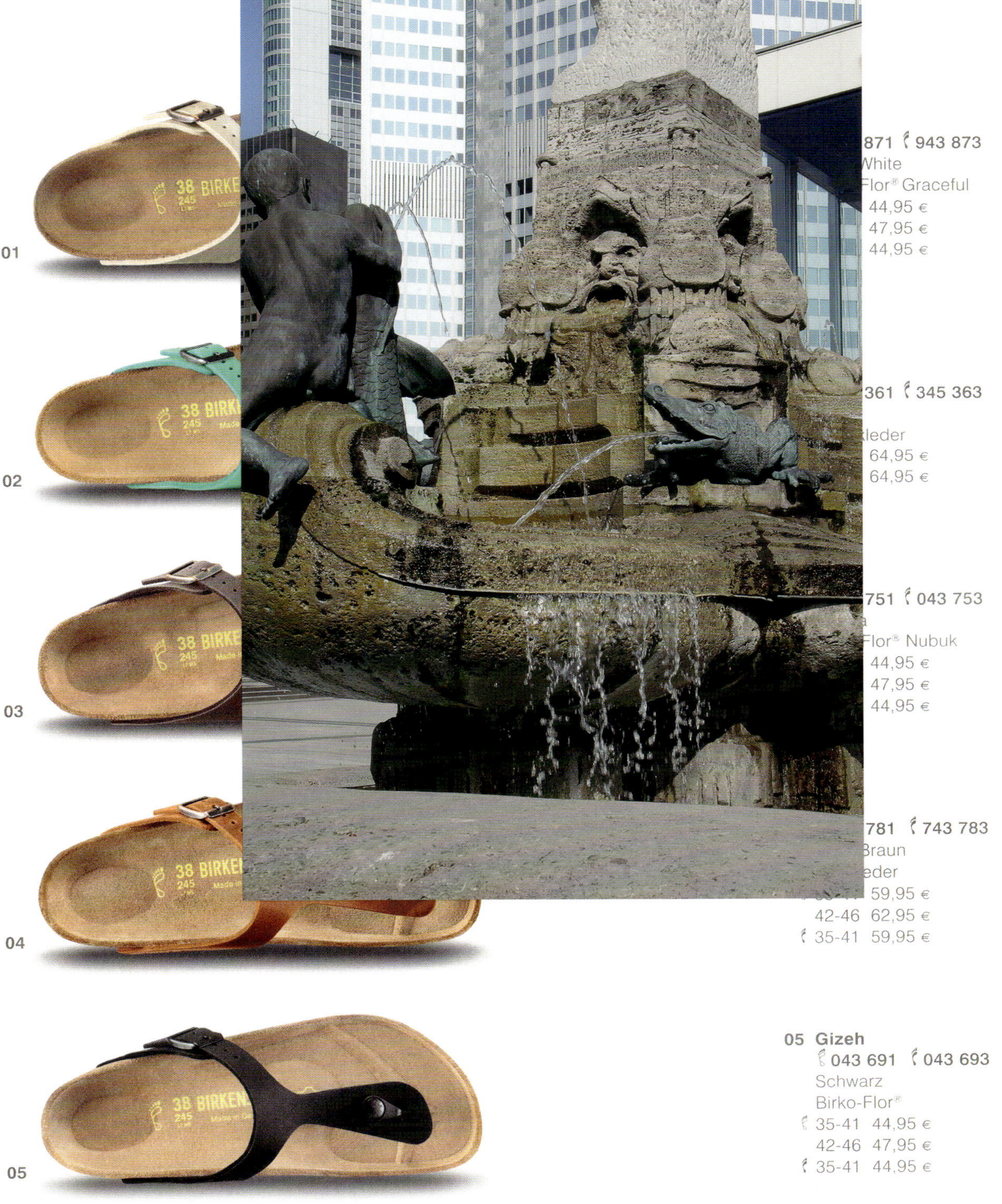

01

02

03

04

05

871 943 873
White
Flor® Graceful
44,95 €
47,95 €
44,95 €

361 345 363
leder
64,95 €
64,95 €

751 043 753
a
Flor® Nubuk
44,95 €
47,95 €
44,95 €

781 743 783
Braun
eder
59,95 €
42-46 62,95 €
35-41 59,95 €

05 Gizeh
043 691 043 693
Schwarz
Birko-Flor®
35-41 44,95 €
42-46 47,95 €
35-41 44,95 €

CLASSIC

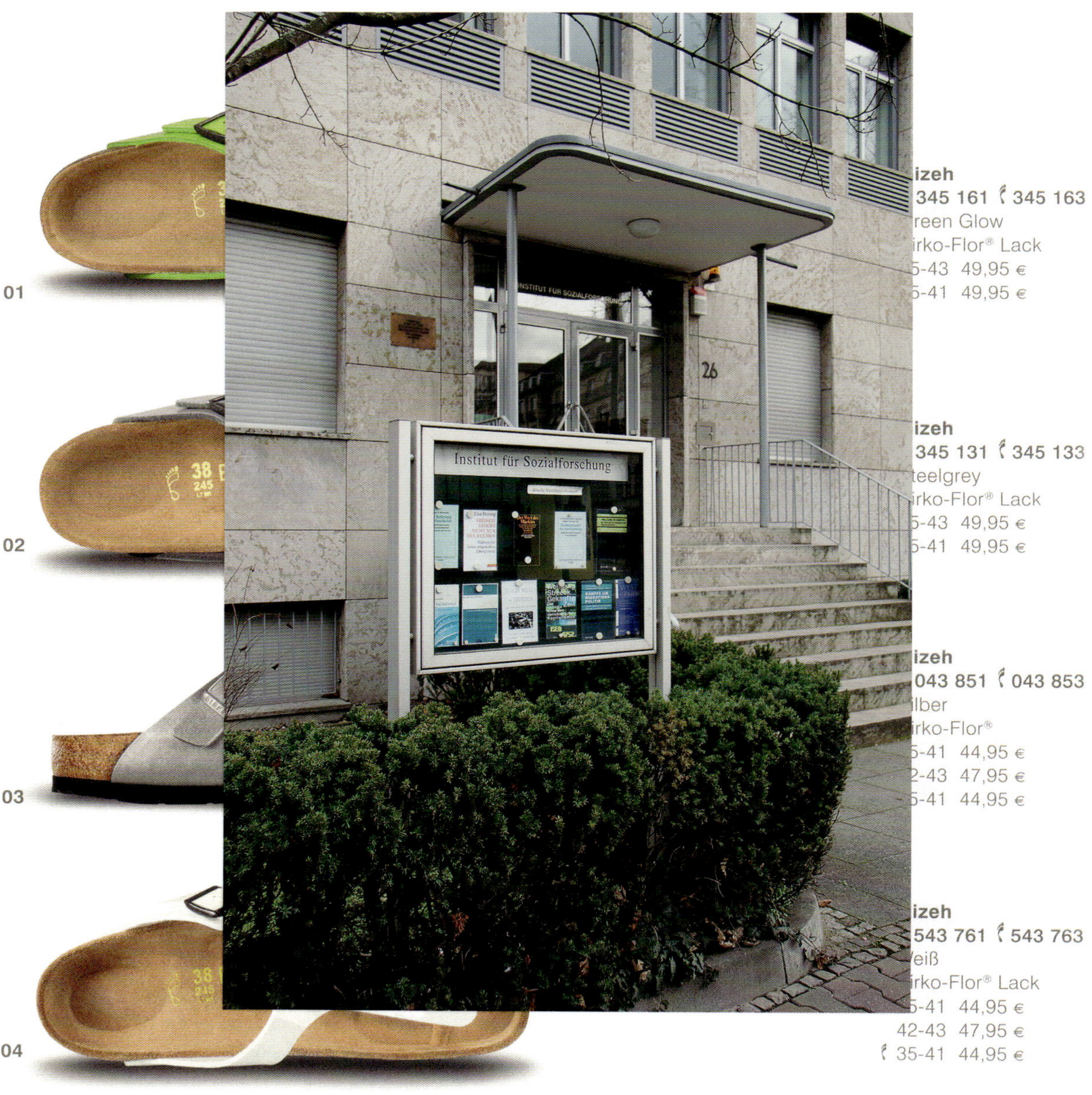

01

izeh
345 161 345 163
reen Glow
irko-Flor® Lack
5-43 49,95 €
5-41 49,95 €

02

izeh
345 131 345 133
teelgrey
irko-Flor® Lack
5-43 49,95 €
5-41 49,95 €

03

izeh
043 851 043 853
lber
irko-Flor®
5-41 44,95 €
2-43 47,95 €
5-41 44,95 €

04

izeh
543 761 543 763
eiß
irko-Flor® Lack
5-41 44,95 €
42-43 47,95 €
35-41 44,95 €

CLASSIC

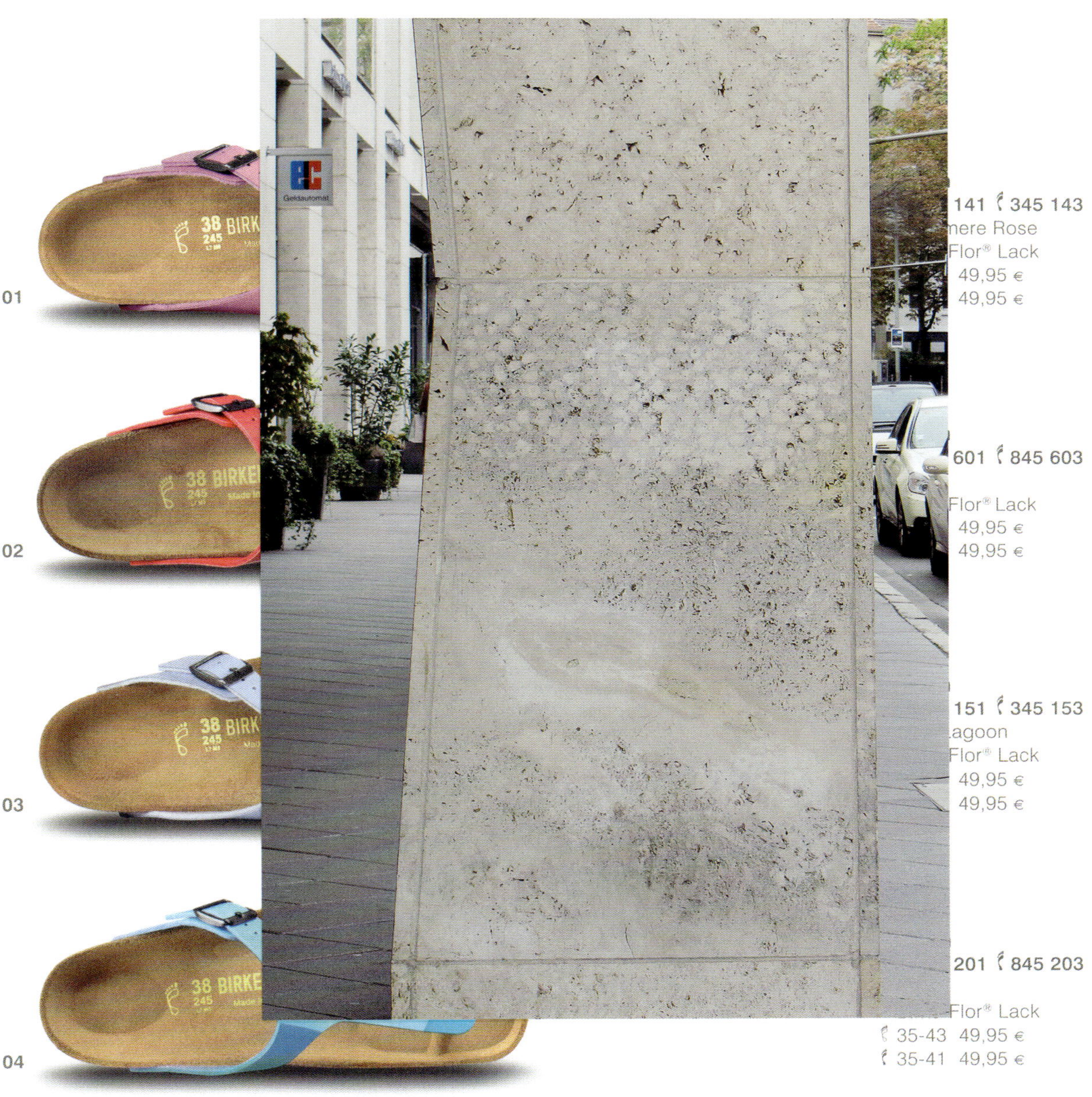

01

141 ⟨ 345 143
mere Rose
Flor® Lack
49,95 €
49,95 €

02

601 ⟨ 845 603
Flor® Lack
49,95 €
49,95 €

03

151 ⟨ 345 153
Lagoon
Flor® Lack
49,95 €
49,95 €

04

201 ⟨ 845 203
Flor® Lack
⟨ 35-43 49,95 €
⟨ 35-41 49,95 €

CLASSIC

01

02

03

04

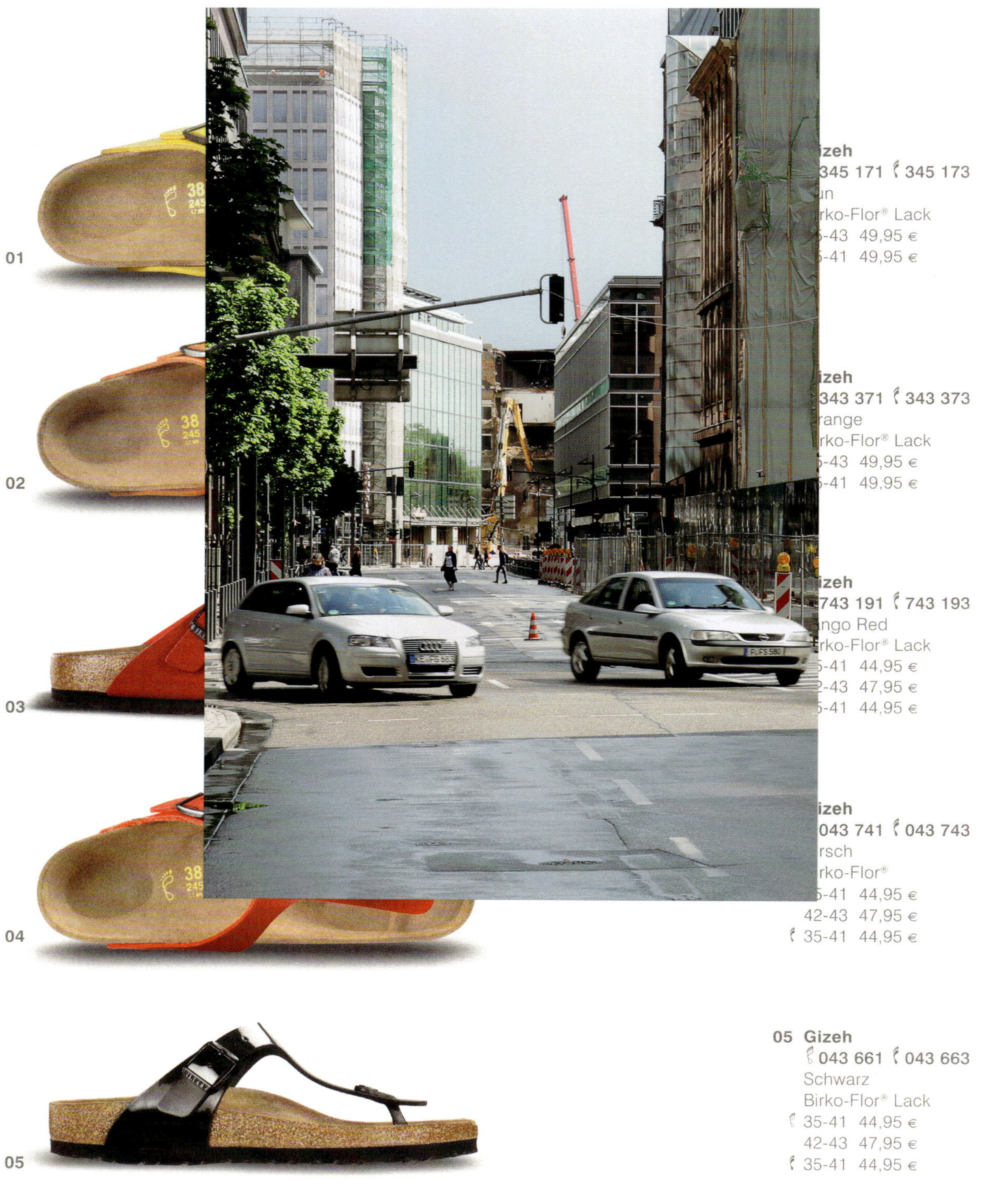

05

izeh
345 171 345 173
un
rko-Flor® Lack
-43 49,95 €
-41 49,95 €

izeh
343 371 343 373
range
rko-Flor® Lack
-43 49,95 €
-41 49,95 €

izeh
743 191 743 193
ngo Red
rko-Flor® Lack
-41 44,95 €
-43 47,95 €
-41 44,95 €

izeh
043 741 043 743
rsch
rko-Flor®
-41 44,95 €
42-43 47,95 €
35-41 44,95 €

05 Gizeh
043 661 043 663
Schwarz
Birko-Flor® Lack
35-41 44,95 €
42-43 47,95 €
35-41 44,95 €

CLASSIC

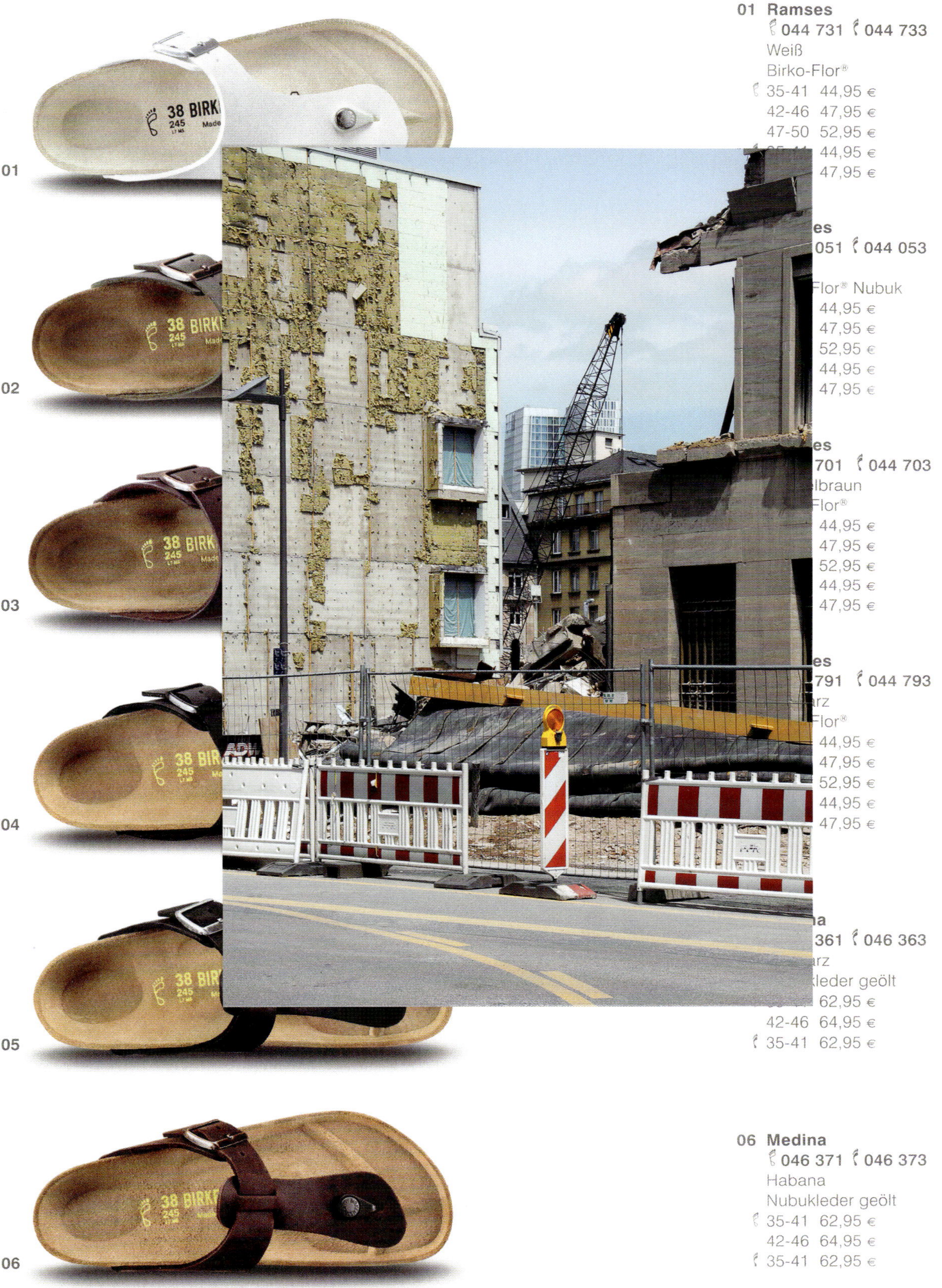

01

02

03

04

05

06

01 Ramses
044 731 044 733
Weiß
Birko-Flor®
35-41 44,95 €
42-46 47,95 €
47-50 52,95 €
44,95 €
47,95 €

es
051 044 053
Flor® Nubuk
44,95 €
47,95 €
52,95 €
44,95 €
47,95 €

es
701 044 703
lbraun
Flor®
44,95 €
47,95 €
52,95 €
44,95 €
47,95 €

es
791 044 793
arz
Flor®
44,95 €
47,95 €
52,95 €
44,95 €
47,95 €

a
361 046 363
arz
kleder geölt
62,95 €
42-46 64,95 €
35-41 62,95 €

06 Medina
046 371 046 373
Habana
Nubukleder geölt
35-41 62,95 €
42-46 64,95 €
35-41 62,95 €

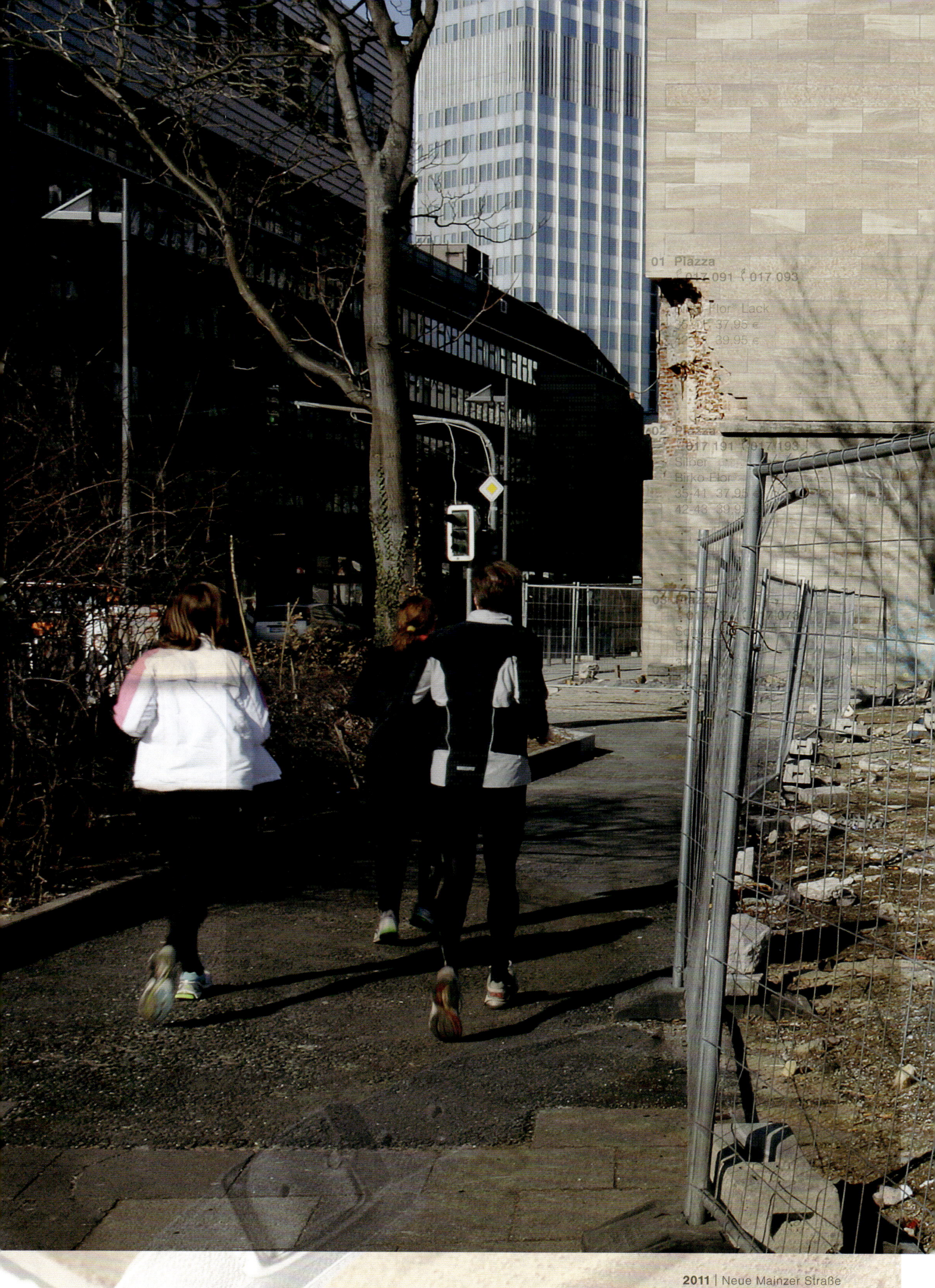

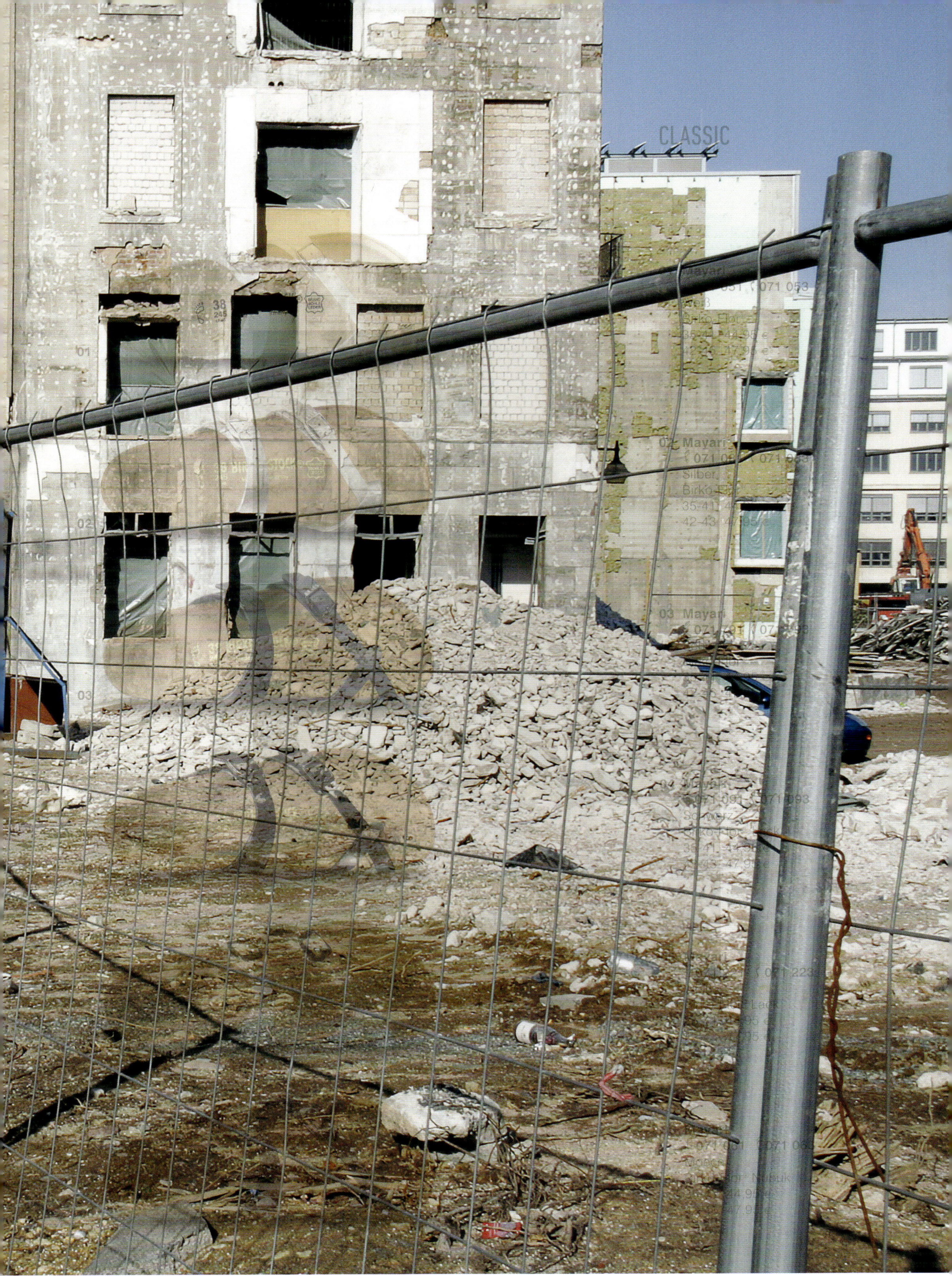
CLASSIC

CLASSIC

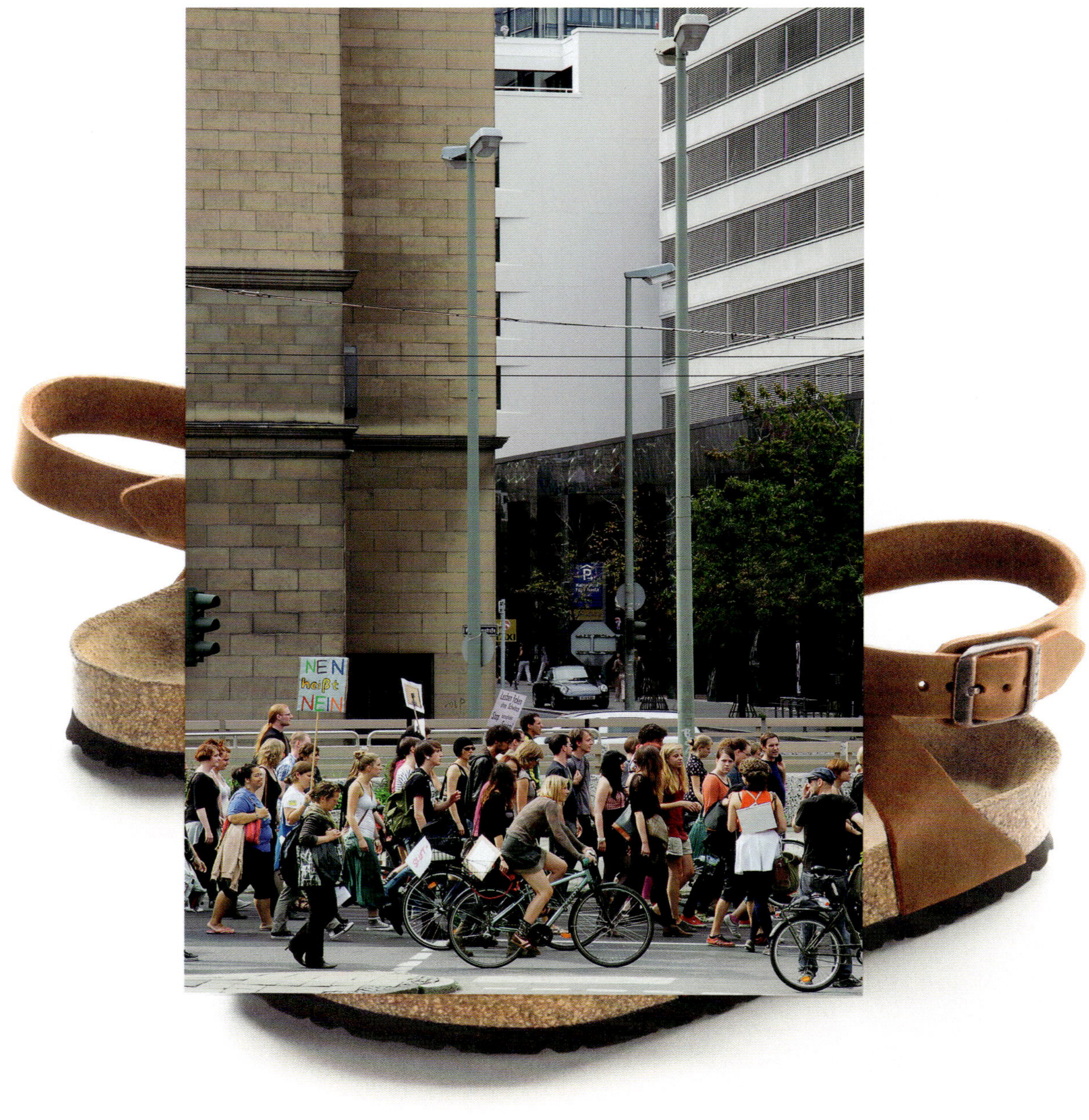

CLASSIC

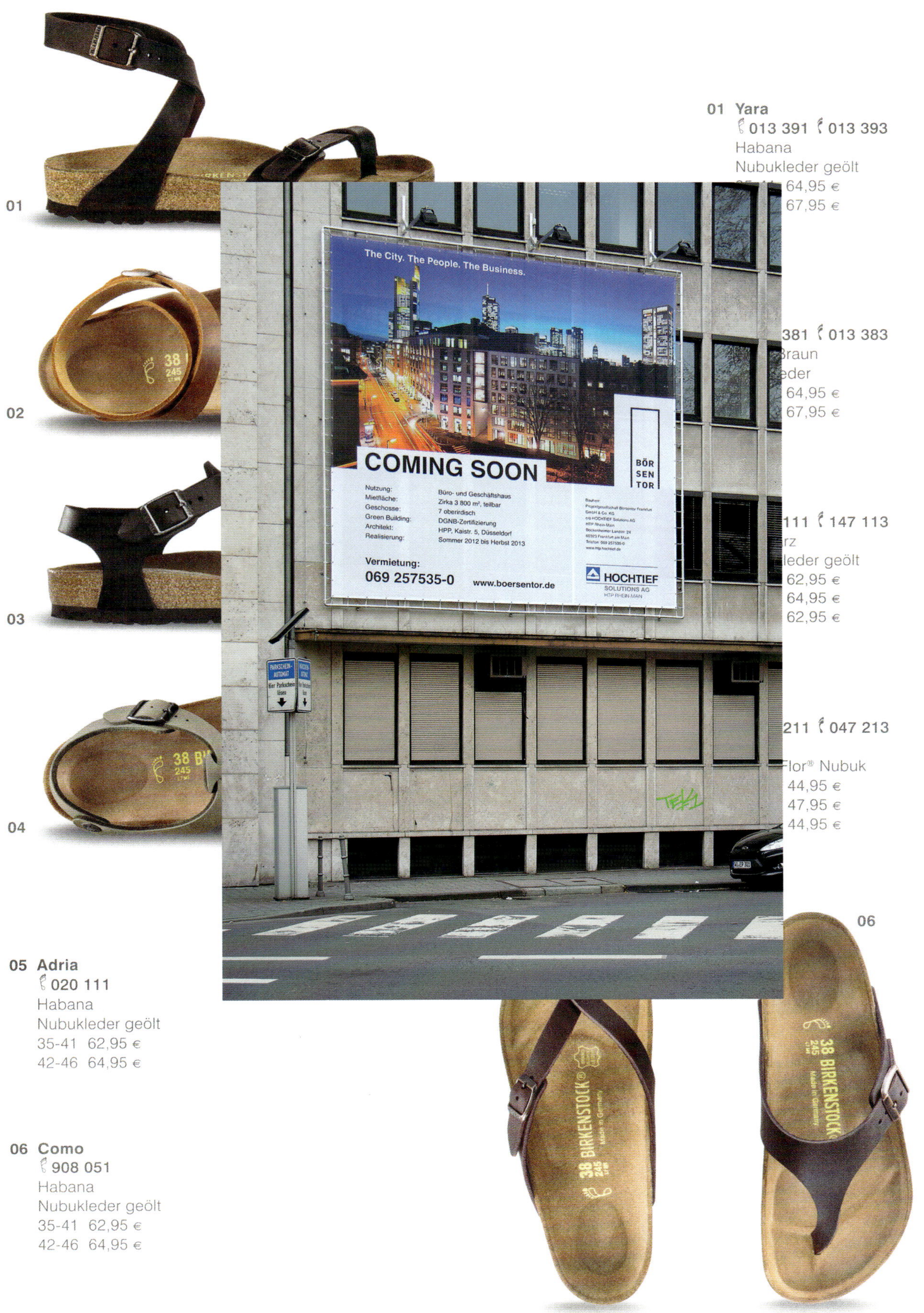

01 Yara
013 391 013 393
Habana
Nubukleder geölt
64,95 €
67,95 €

381 013 383
Braun
eder
64,95 €
67,95 €

111 147 113
rz
leder geölt
62,95 €
64,95 €
62,95 €

211 047 213
Flor® Nubuk
44,95 €
47,95 €
44,95 €

05 Adria
020 111
Habana
Nubukleder geölt
35-41 62,95 €
42-46 64,95 €

06 Como
908 051
Habana
Nubukleder geölt
35-41 62,95 €
42-46 64,95 €

CLASSIC

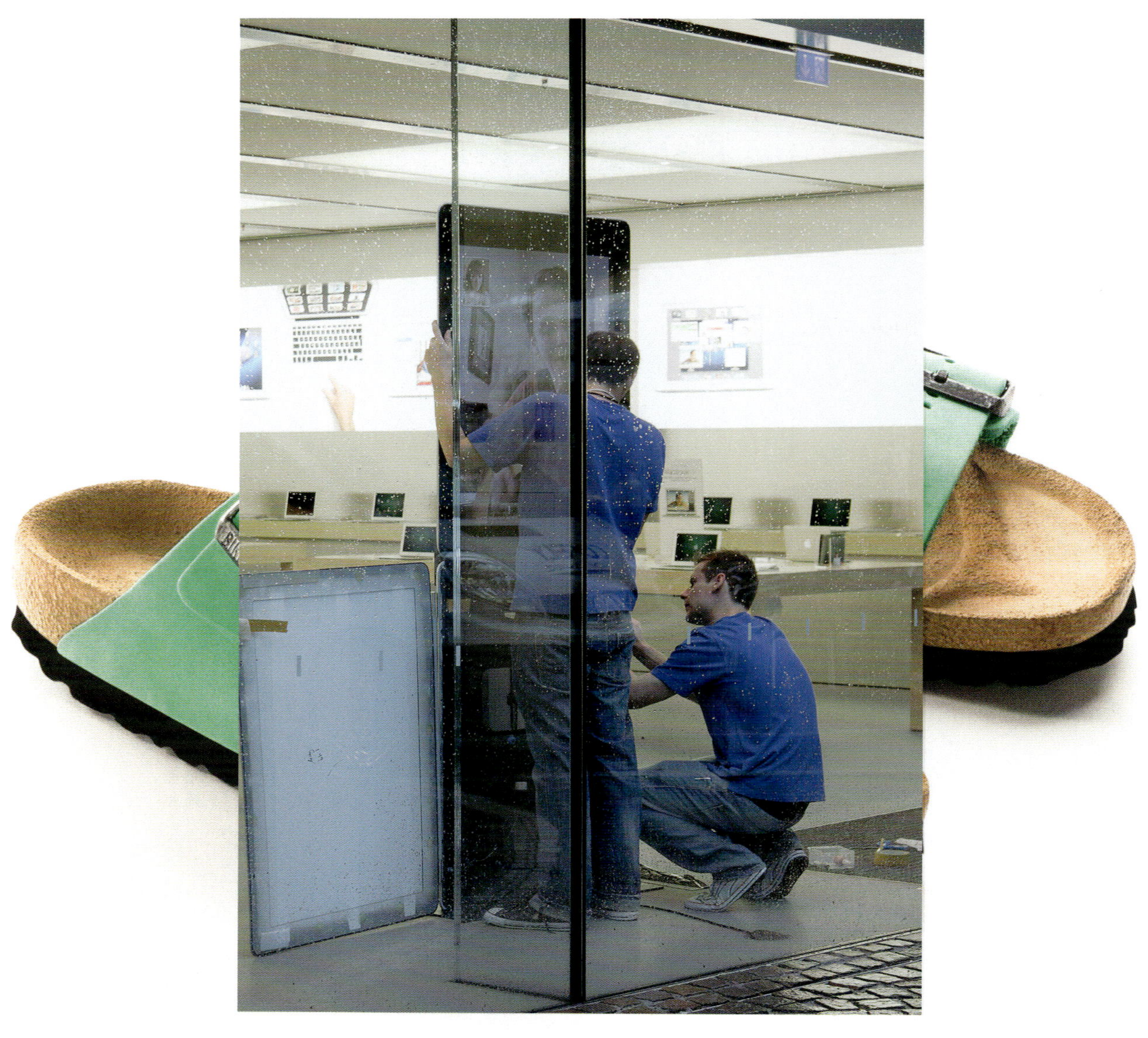

2011 | Apple Store

CLASSIC

01

02

03

01 **Arizona**
552 721 552 723
Pink
Nu[...]kleder
59,95 €

[...]na
[...]131 051 133
[...]eder
54,95 €
59,95 €
62,95 €

[...]na
[...]701 552 703
[...]kleder
59,95 €

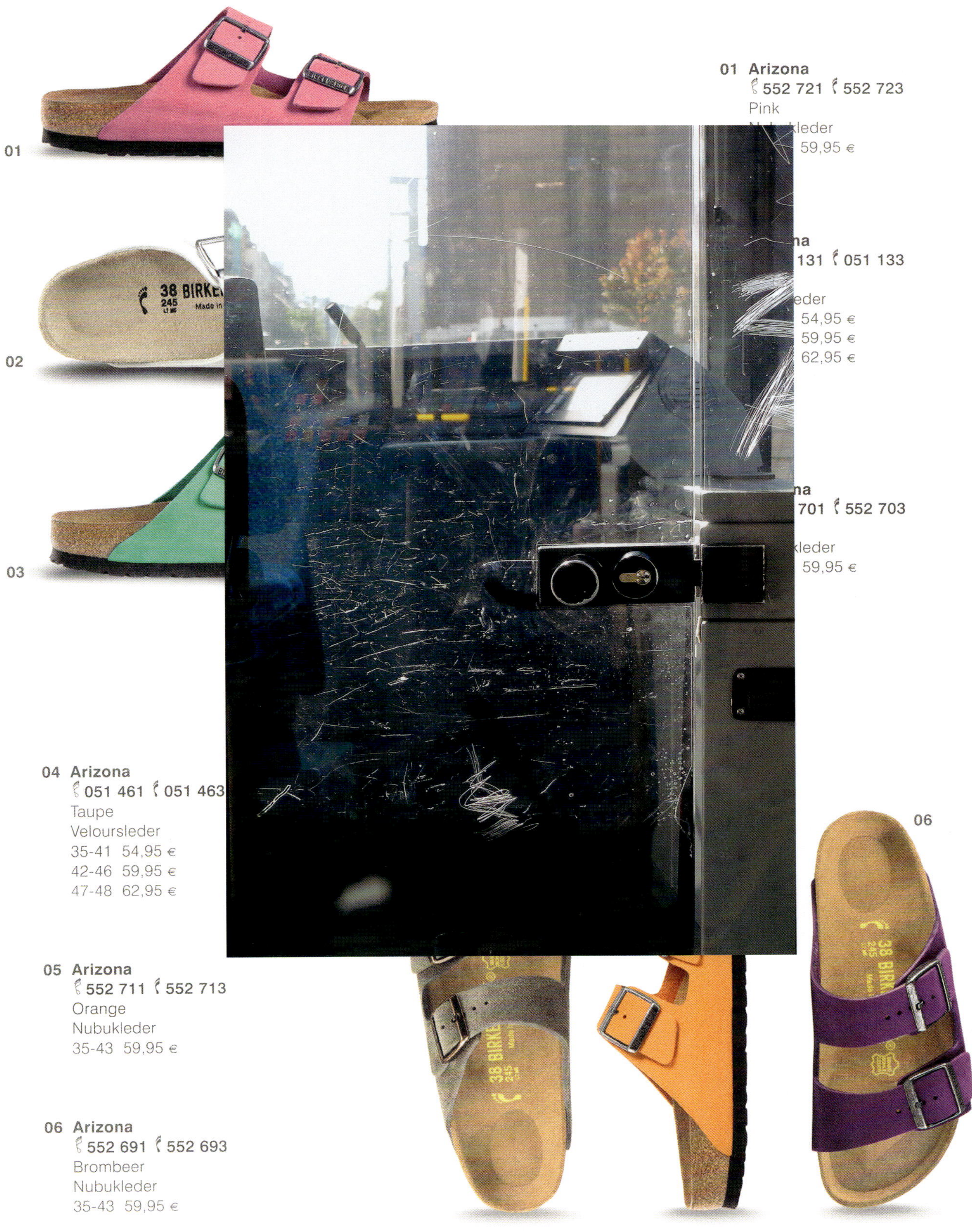

04 Arizona
051 461 051 463
Taupe
Veloursleder
35-41 54,95 €
42-46 59,95 €
47-48 62,95 €

05 Arizona
552 711 552 713
Orange
Nubukleder
35-43 59,95 €

06 Arizona
552 691 552 693
Brombeer
Nubukleder
35-43 59,95 €

06

CLASSIC

01

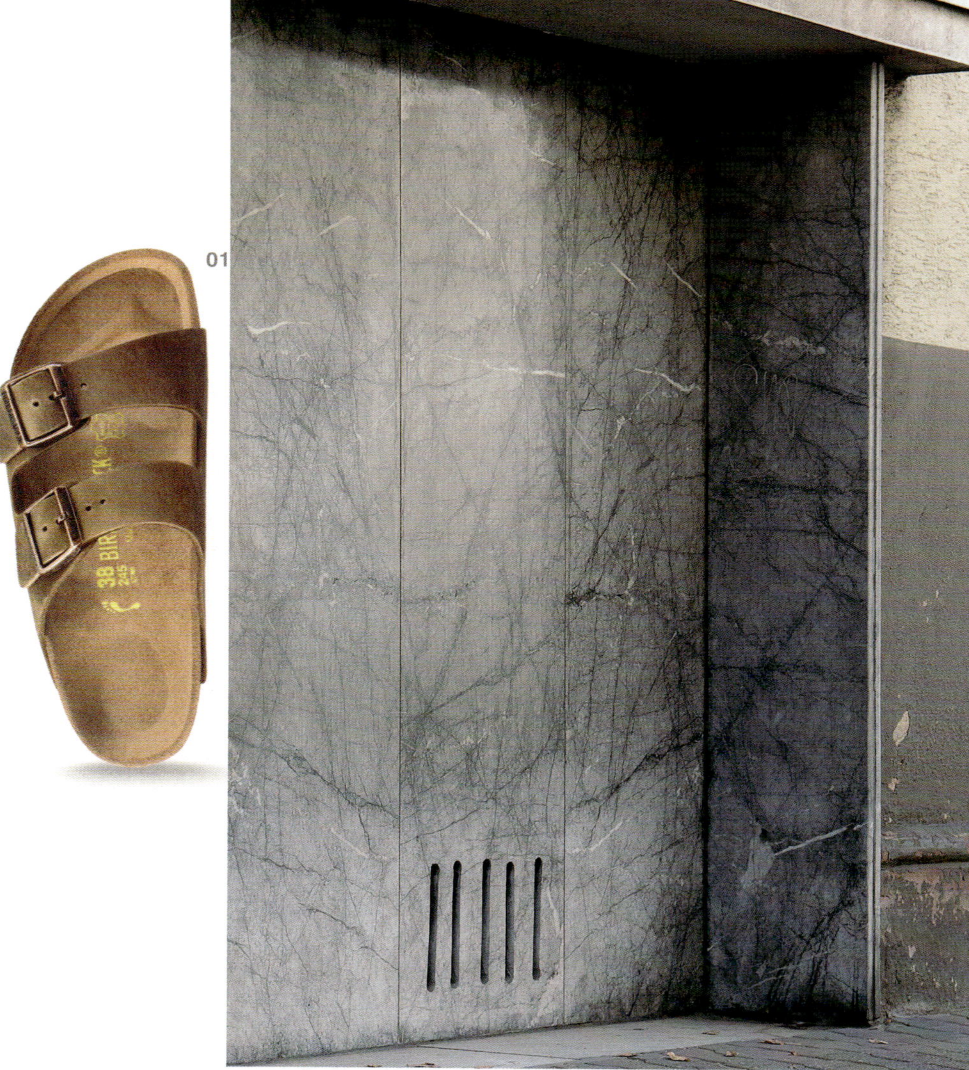

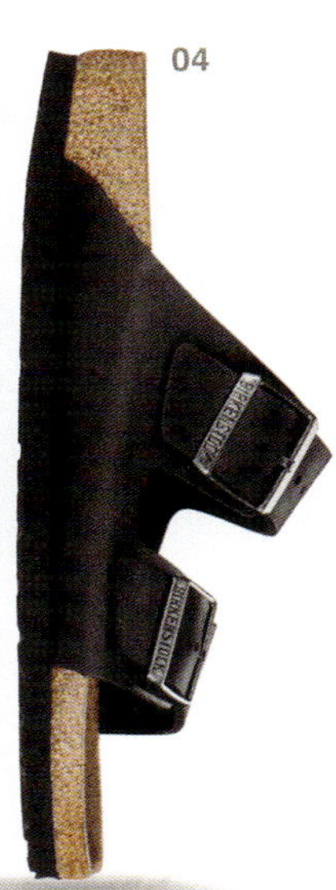

04

01
Arizona
352 201 352 203
Tabacco Brown
Nubukleder geölt
35-41 59,95 €
42-46 64,95 €

02
Arizona
052 531 052 533
Habana
Nubukleder geölt
35-41 59,95 €
42-46 64,95 €
47-50 67,95 €

03
Arizona
051 151 051 153
Blau
Glattleder
35-41 54,95 €
42-46 59,95 €
47-50 62,95 €

04
Arizona
552 111 552 113
Schwarz
Nubukleder geölt
35-41 59,95 €
42-46 64,95 €
47-48 67,95 €

01

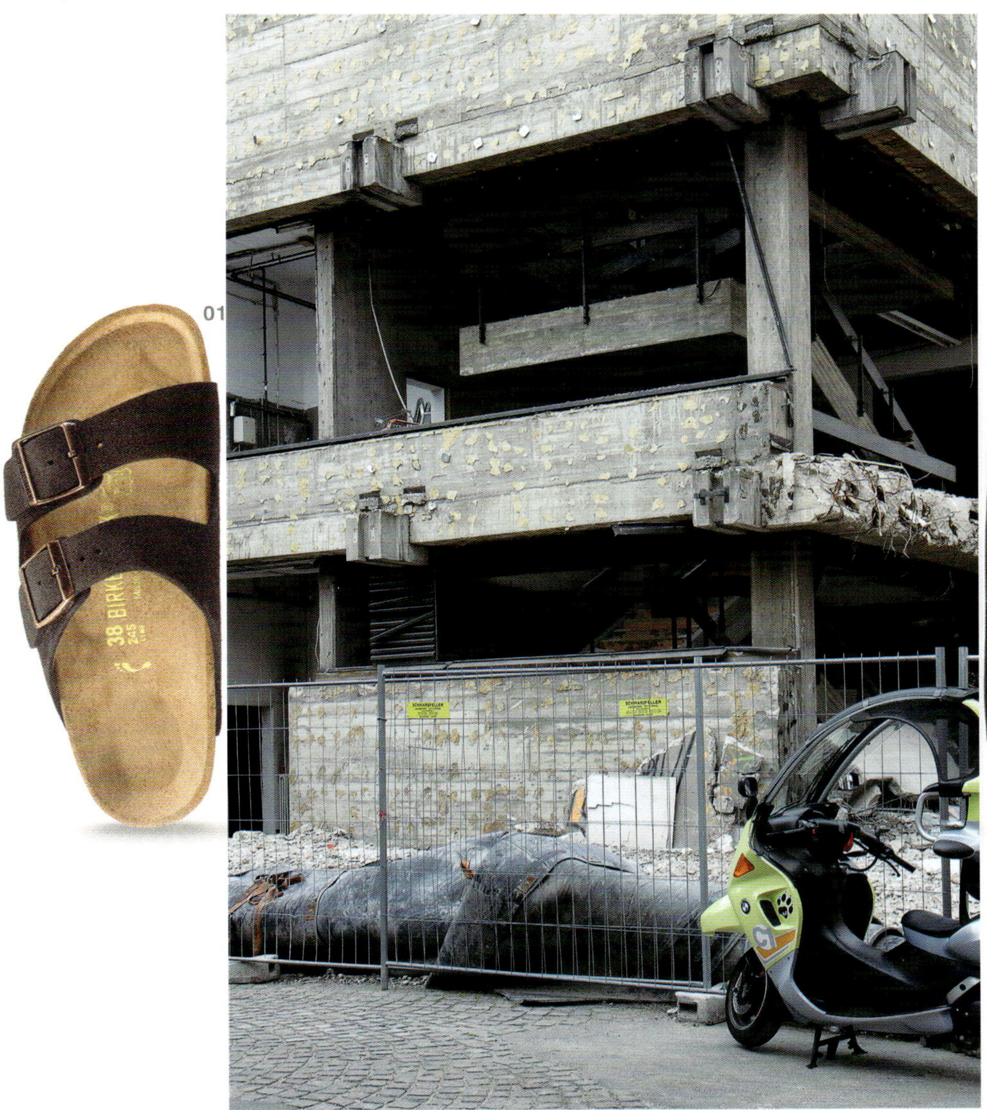

04

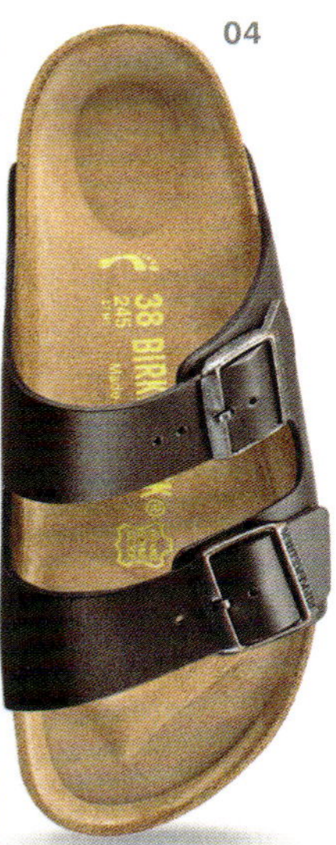

01
Arizona
051 901 051 903
Mocca
Veloursleder
35-41 54,95 €
42-46 59,95 €

02
Arizona
052 891 052 893
Antik Braun
Naturleder
35-41 59,95 €
42-46 64,95 €

03
Arizona
051 191 051 193
Schwarz
Glattleder
35-41 54,95 €
42-46 59,95 €
47-50 62,95 €

04
Arizona
051 101 051 103
Dunkelbraun
Glattleder
35-41 54,95 €
42-46 59,95 €
47-50 62,95 €

CLASSIC

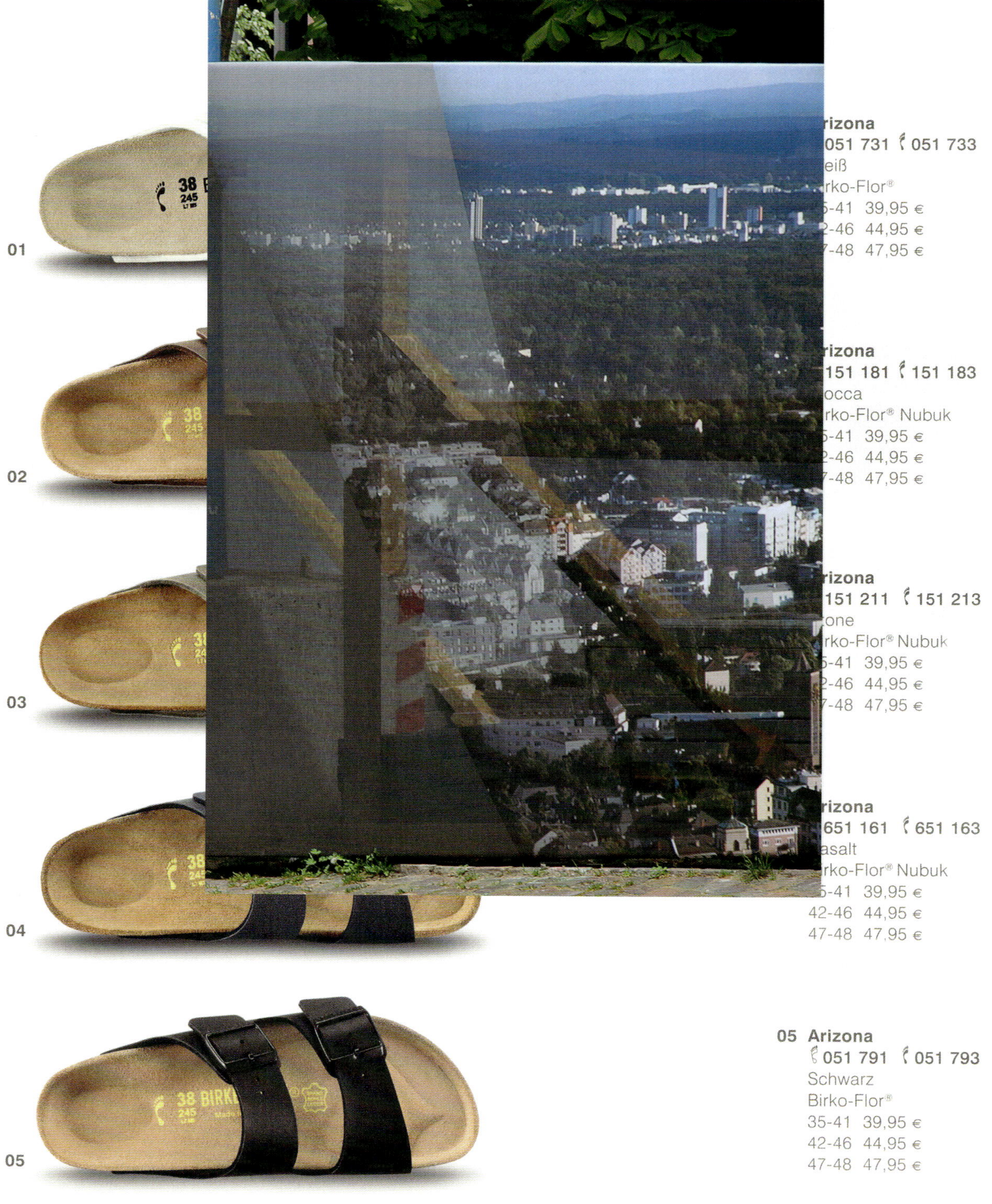

01 **rizona**
051 731 051 733
eiß
rko-Flor®
5-41 39,95 €
2-46 44,95 €
7-48 47,95 €

02 **rizona**
151 181 151 183
occa
rko-Flor® Nubuk
5-41 39,95 €
2-46 44,95 €
7-48 47,95 €

03 **rizona**
151 211 151 213
one
rko-Flor® Nubuk
5-41 39,95 €
2-46 44,95 €
7-48 47,95 €

04 **rizona**
651 161 651 163
asalt
rko-Flor® Nubuk
5-41 39,95 €
42-46 44,95 €
47-48 47,95 €

05 **Arizona**
051 791 051 793
Schwarz
Birko-Flor®
35-41 39,95 €
42-46 44,95 €
47-48 47,95 €

CLASSIC

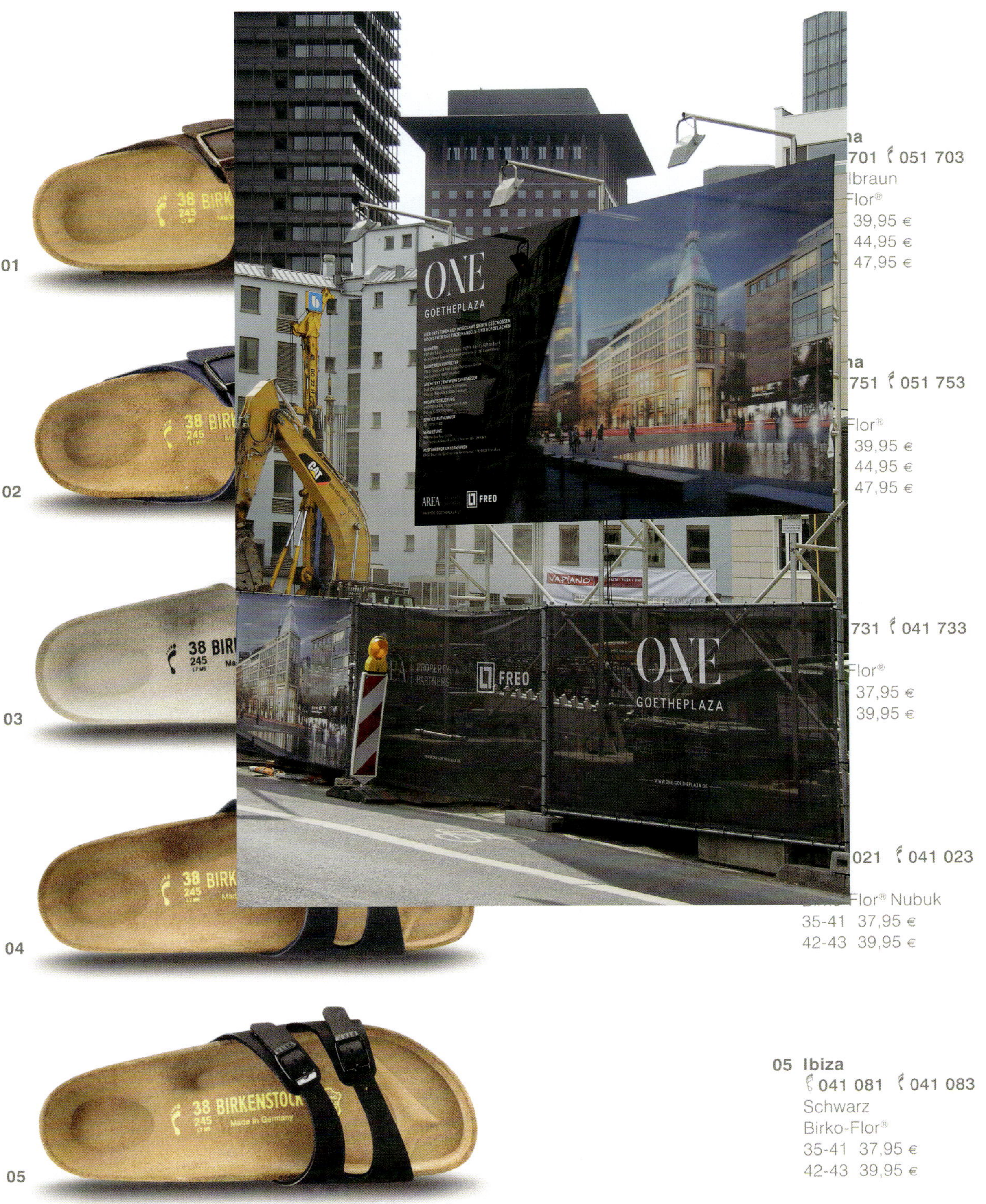

01

na
701 051 703
lbraun
Flor®
39,95 €
44,95 €
47,95 €

02

na
751 051 753
Flor®
39,95 €
44,95 €
47,95 €

03

731 041 733
Flor®
37,95 €
39,95 €

04

021 041 023
Flor® Nubuk
35-41 37,95 €
42-43 39,95 €

05

05 Ibiza
041 081 041 083
Schwarz
Birko-Flor®
35-41 37,95 €
42-43 39,95 €

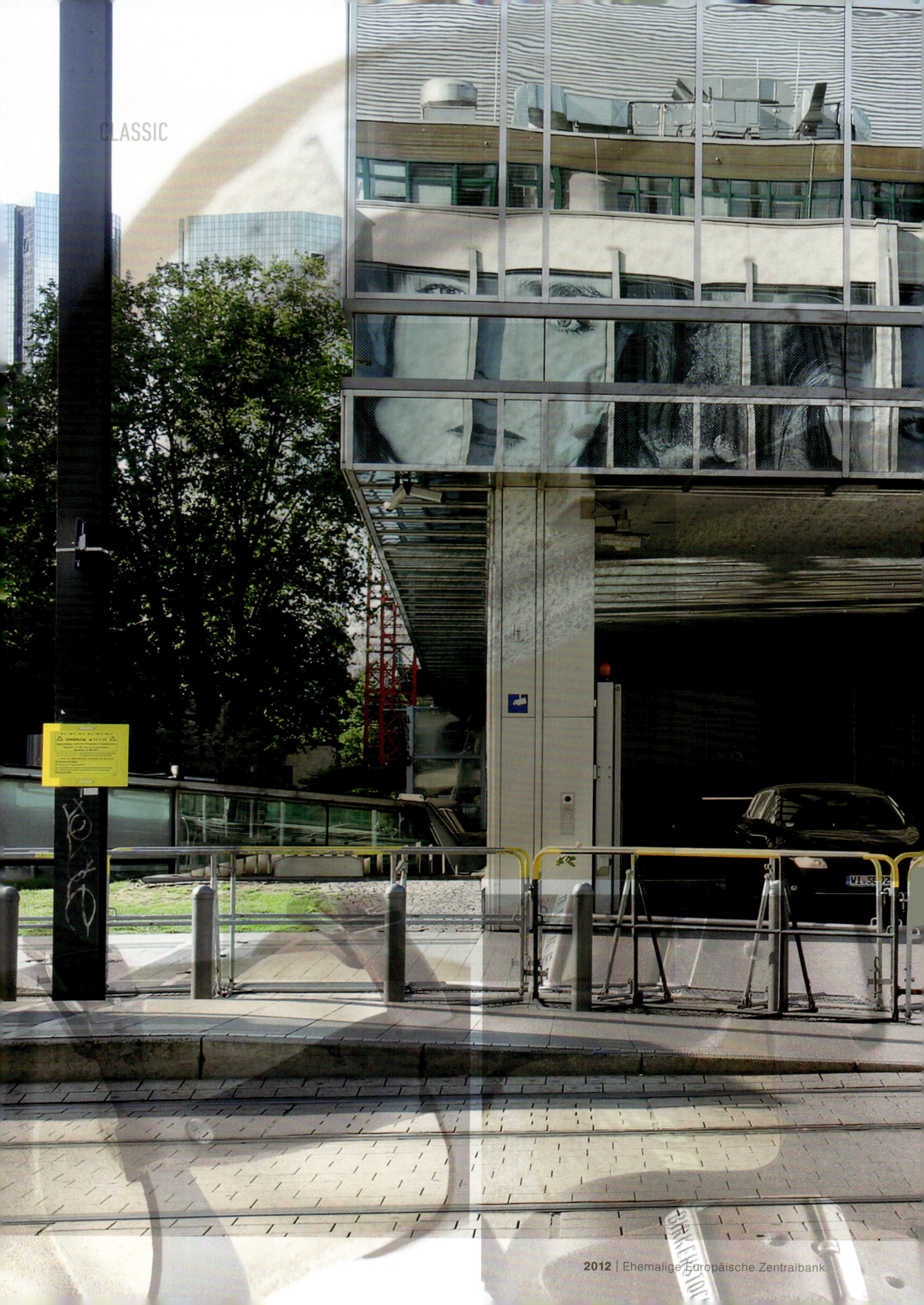

CLASSIC

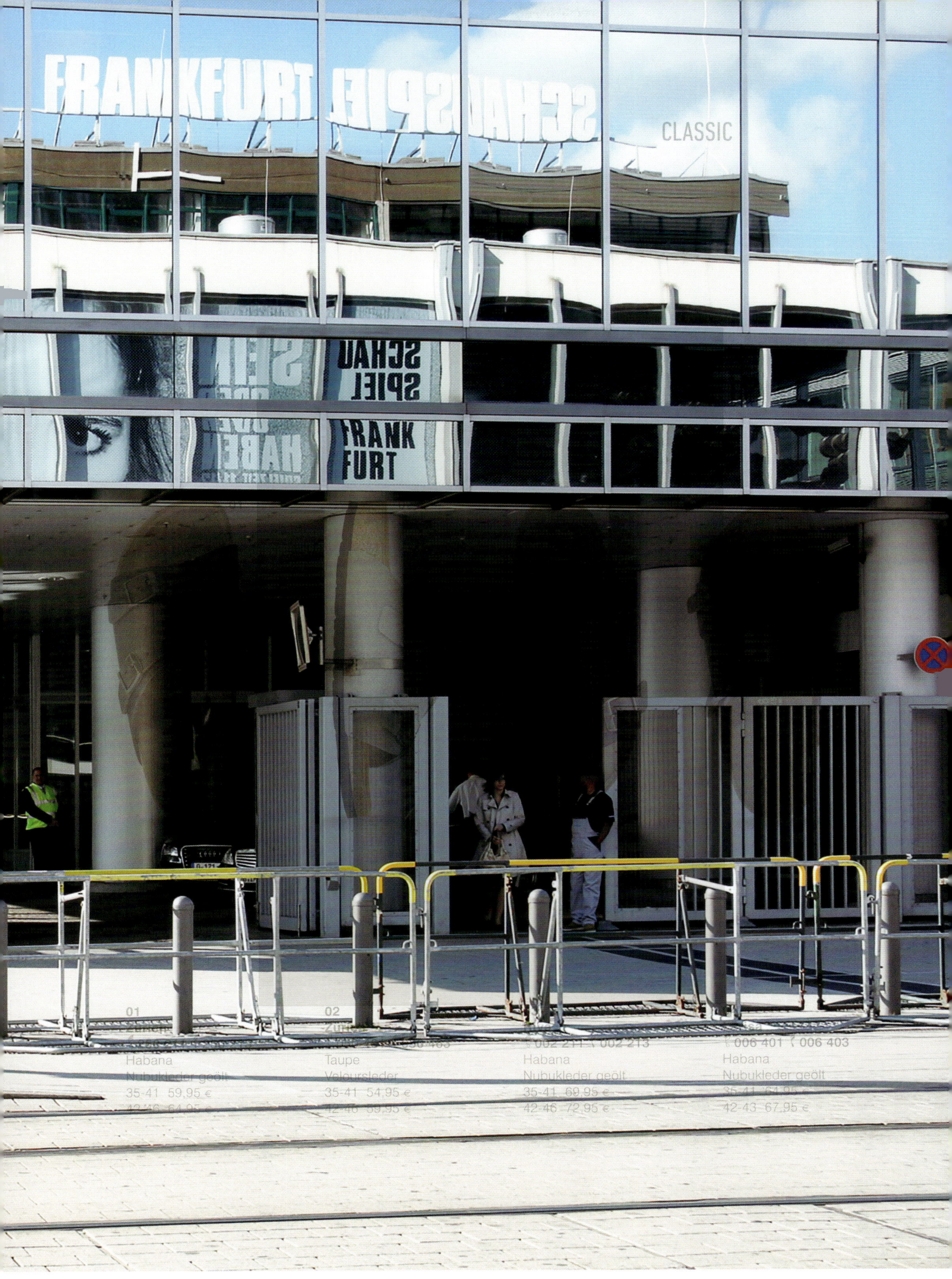

01
Habana
Nubukleder geölt
35-41 59,95 €
42-46 64,95 €

02
Taupe
Veloursleder
35-41 54,95 €
42-46 59,95 €

002 211 002 213
Habana
Nubukleder geölt
35-41 69,95 €
42-46 72,95 €

006 401 006 403
Habana
Nubukleder geölt
35-41 64,95 €
42-43 67,95 €

Normale Füße Schmale Füße

CLASSIC

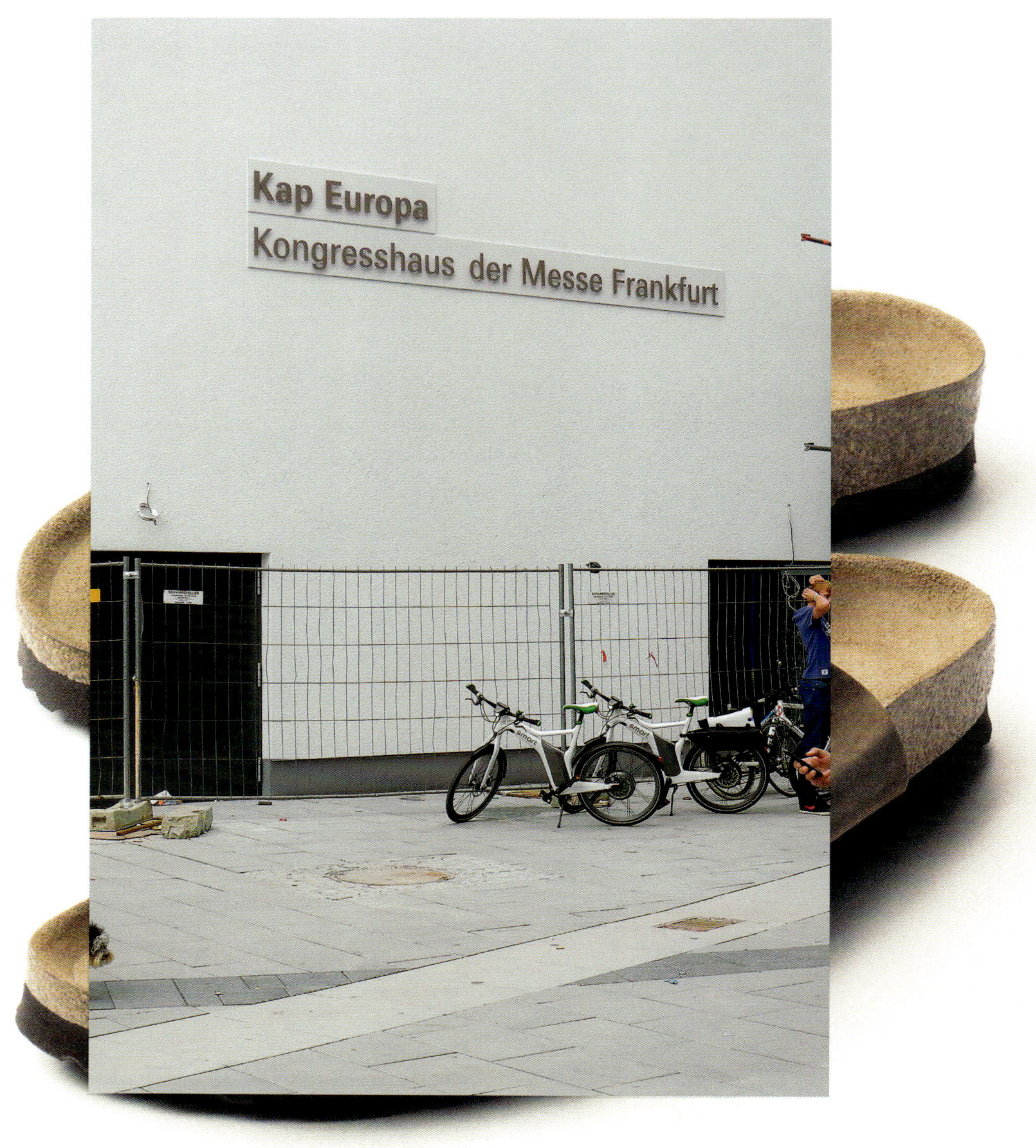

CLASSIC

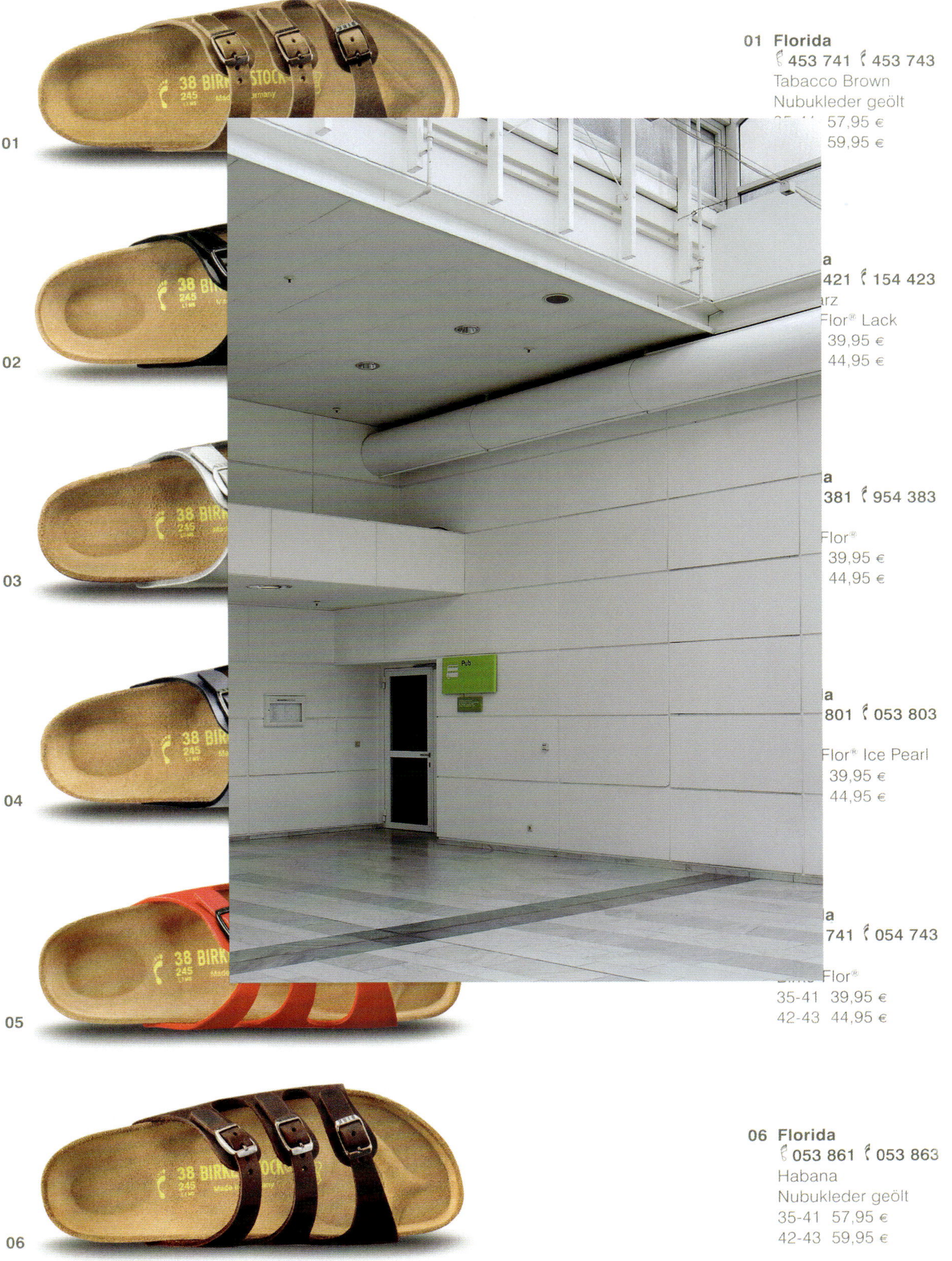

01 **Florida**
453 741 453 743
Tabacco Brown
Nubukleder geölt
57,95 €
59,95 €

a
421 154 423
rz
Flor® Lack
39,95 €
44,95 €

a
381 954 383
Flor®
39,95 €
44,95 €

a
801 053 803
Flor® Ice Pearl
39,95 €
44,95 €

a
741 054 743
Flor®
35-41 39,95 €
42-43 44,95 €

06 **Florida**
053 861 053 863
Habana
Nubukleder geölt
35-41 57,95 €
42-43 59,95 €

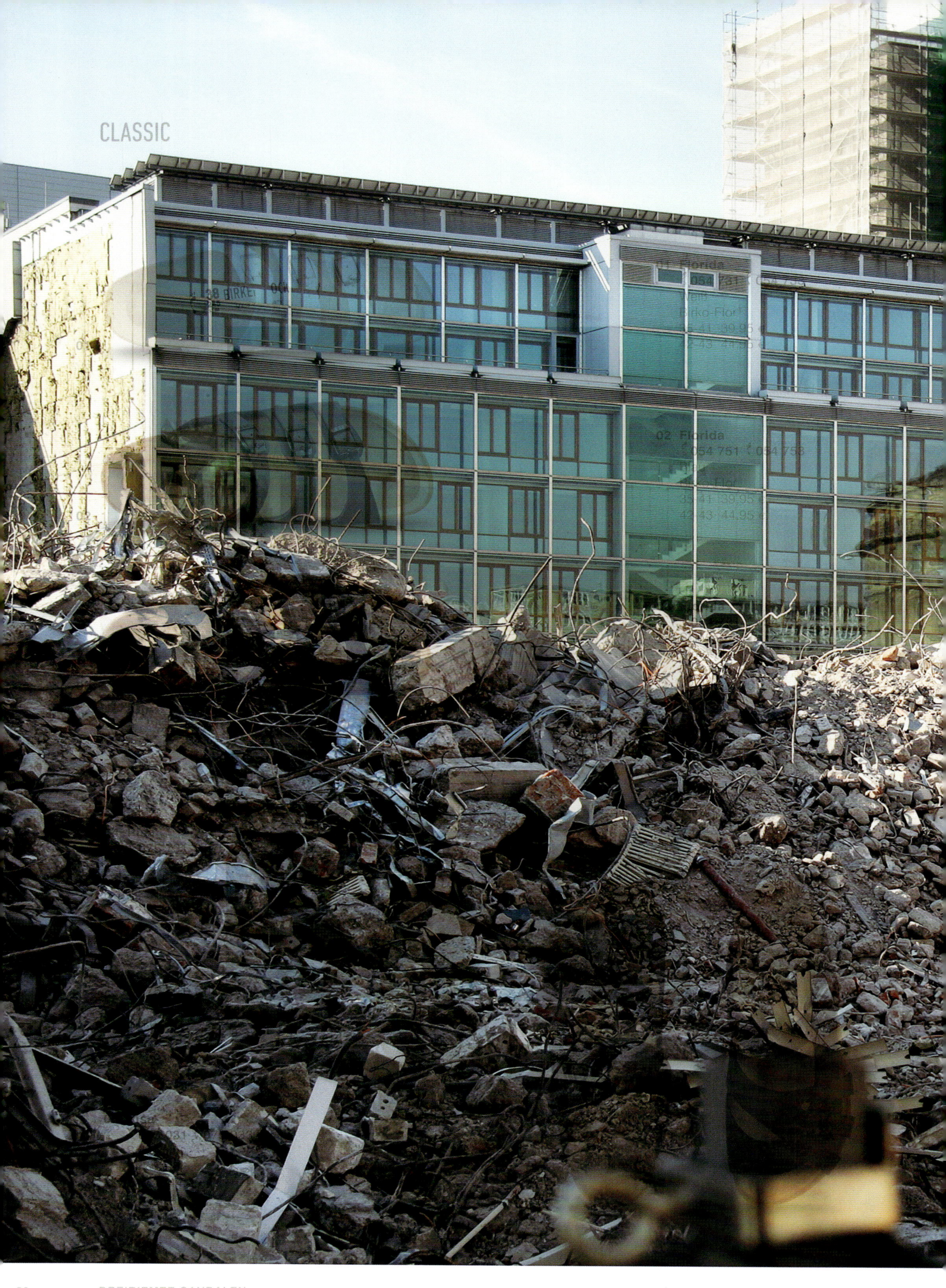

2012 | Ehemaliges Degussa-Gelände

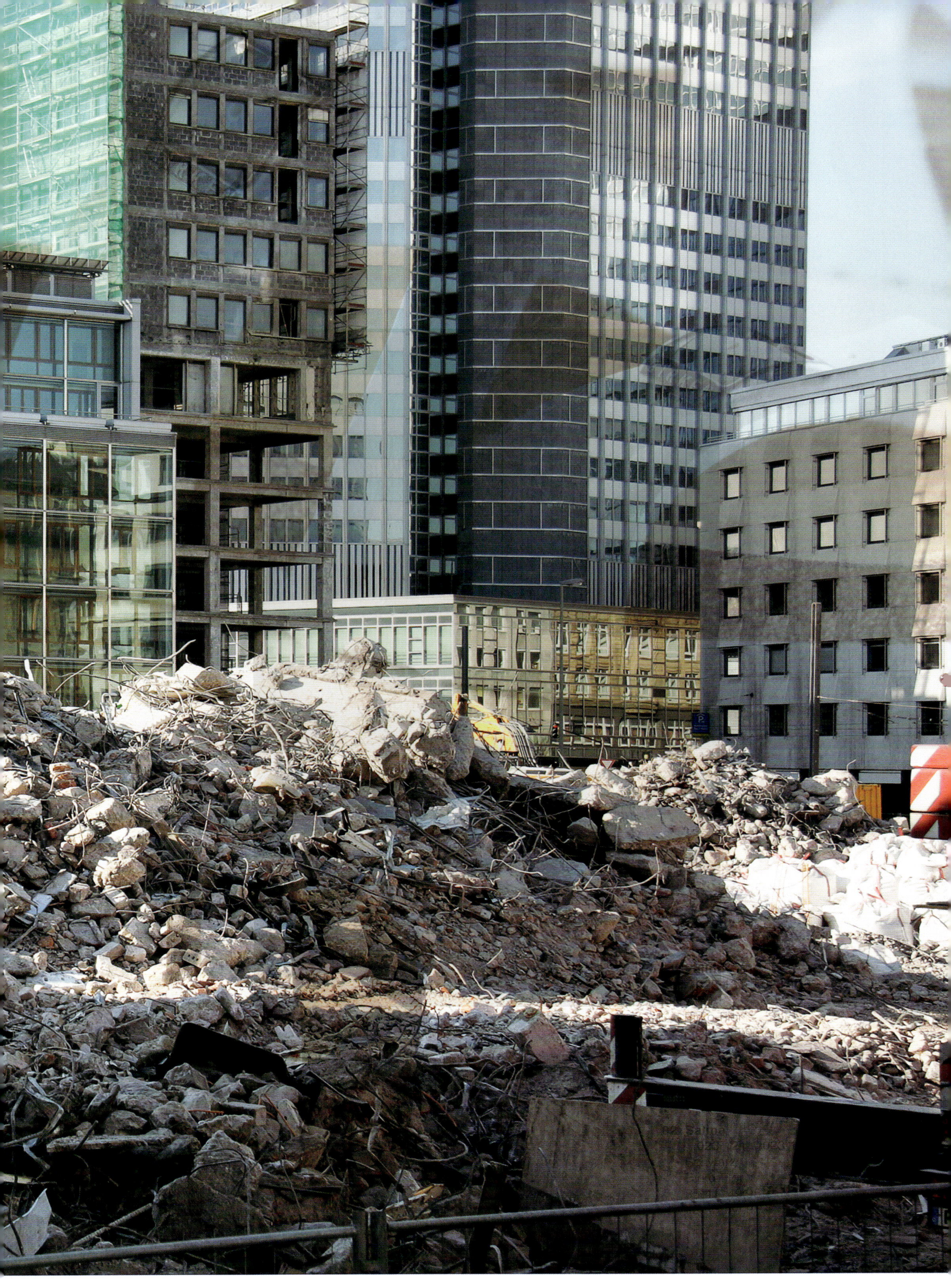

CLASSIC

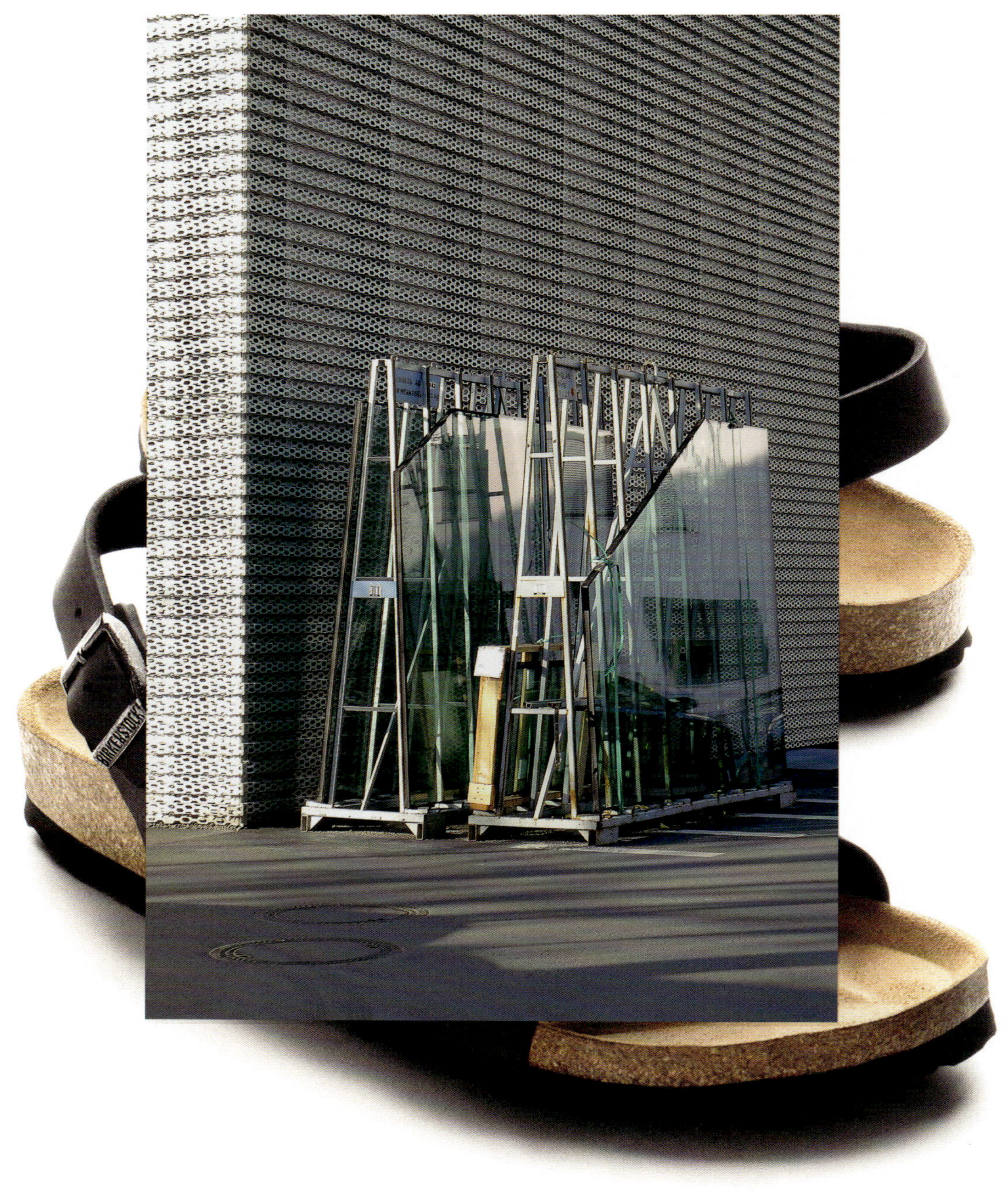

CLASSIC

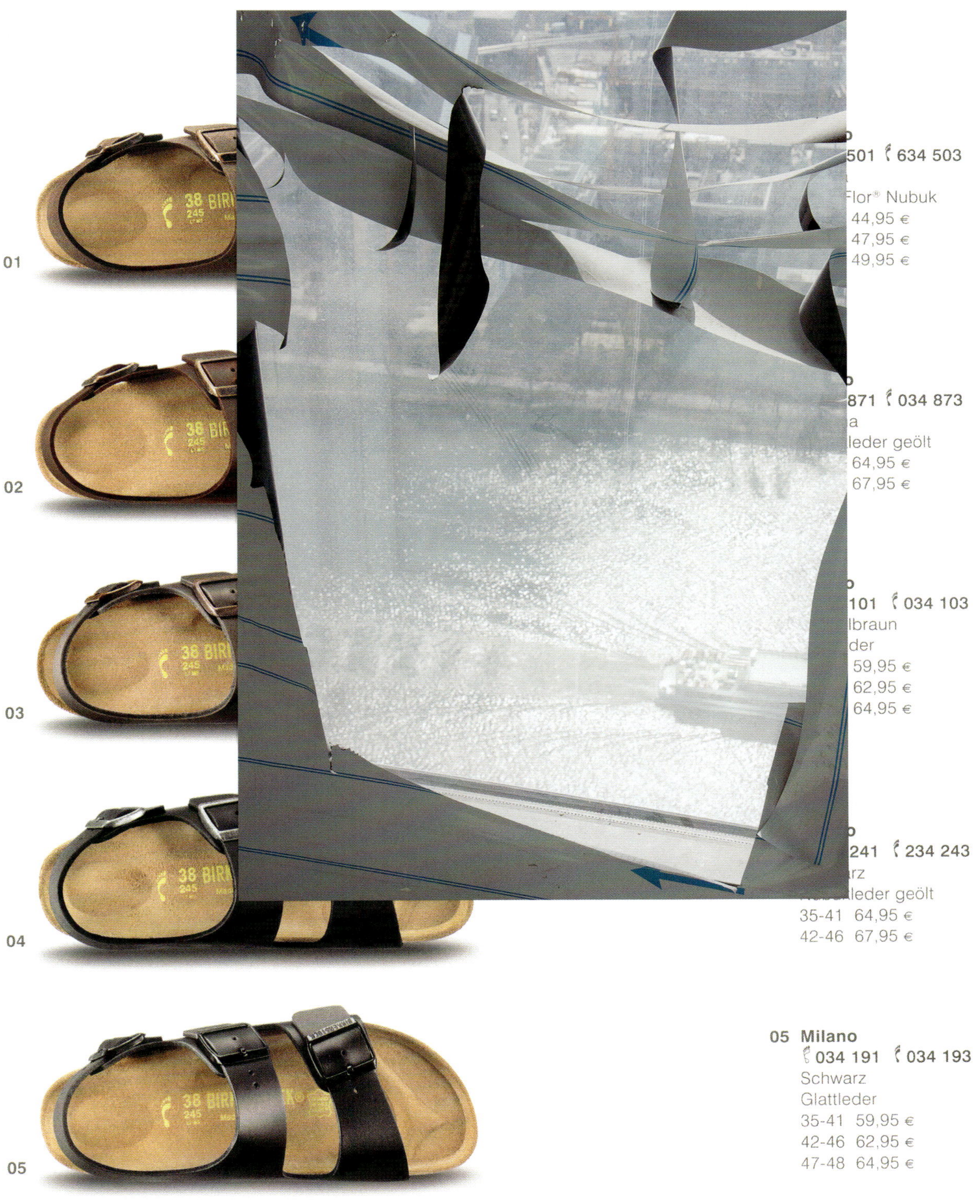

01

501 634 503
Flor® Nubuk
44,95 €
47,95 €
49,95 €

02

871 034 873
a
leder geölt
64,95 €
67,95 €

03

101 034 103
lbraun
der
59,95 €
62,95 €
64,95 €

04

241 234 243
rz
leder geölt
35-41 64,95 €
42-46 67,95 €

05

05 Milano
034 191 034 193
Schwarz
Glattleder
35-41 59,95 €
42-46 62,95 €
47-48 64,95 €

CLASSIC

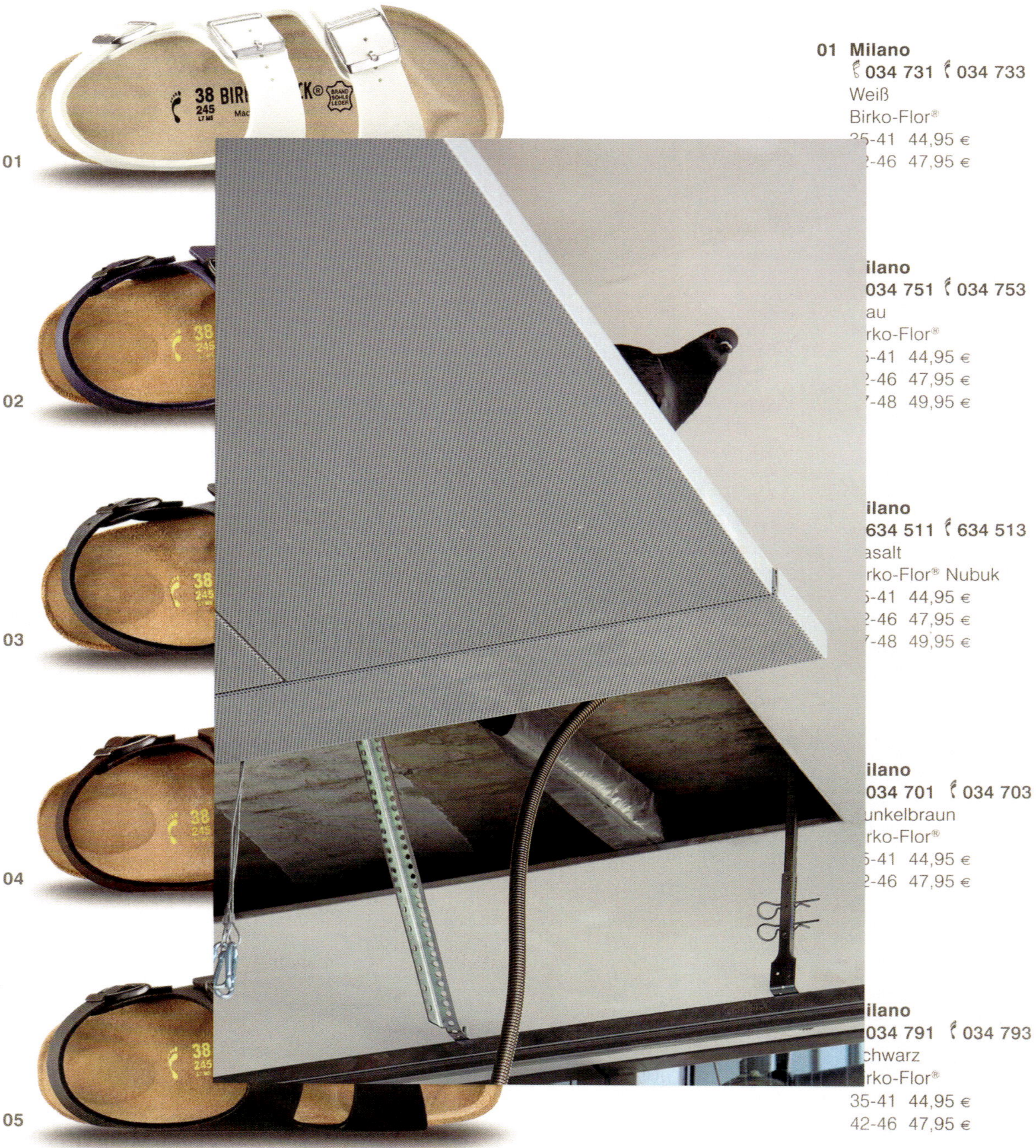

01

01 Milano
034 731 034 733
Weiß
Birko-Flor®
35-41 44,95 €
2-46 47,95 €

02

ilano
034 751 034 753
au
rko-Flor®
5-41 44,95 €
2-46 47,95 €
7-48 49,95 €

03

ilano
634 511 634 513
asalt
rko-Flor® Nubuk
5-41 44,95 €
2-46 47,95 €
7-48 49,95 €

04

ilano
034 701 034 703
unkelbraun
rko-Flor®
5-41 44,95 €
2-46 47,95 €

05

ilano
034 791 034 793
chwarz
rko-Flor®
35-41 44,95 €
42-46 47,95 €

CLASSIC

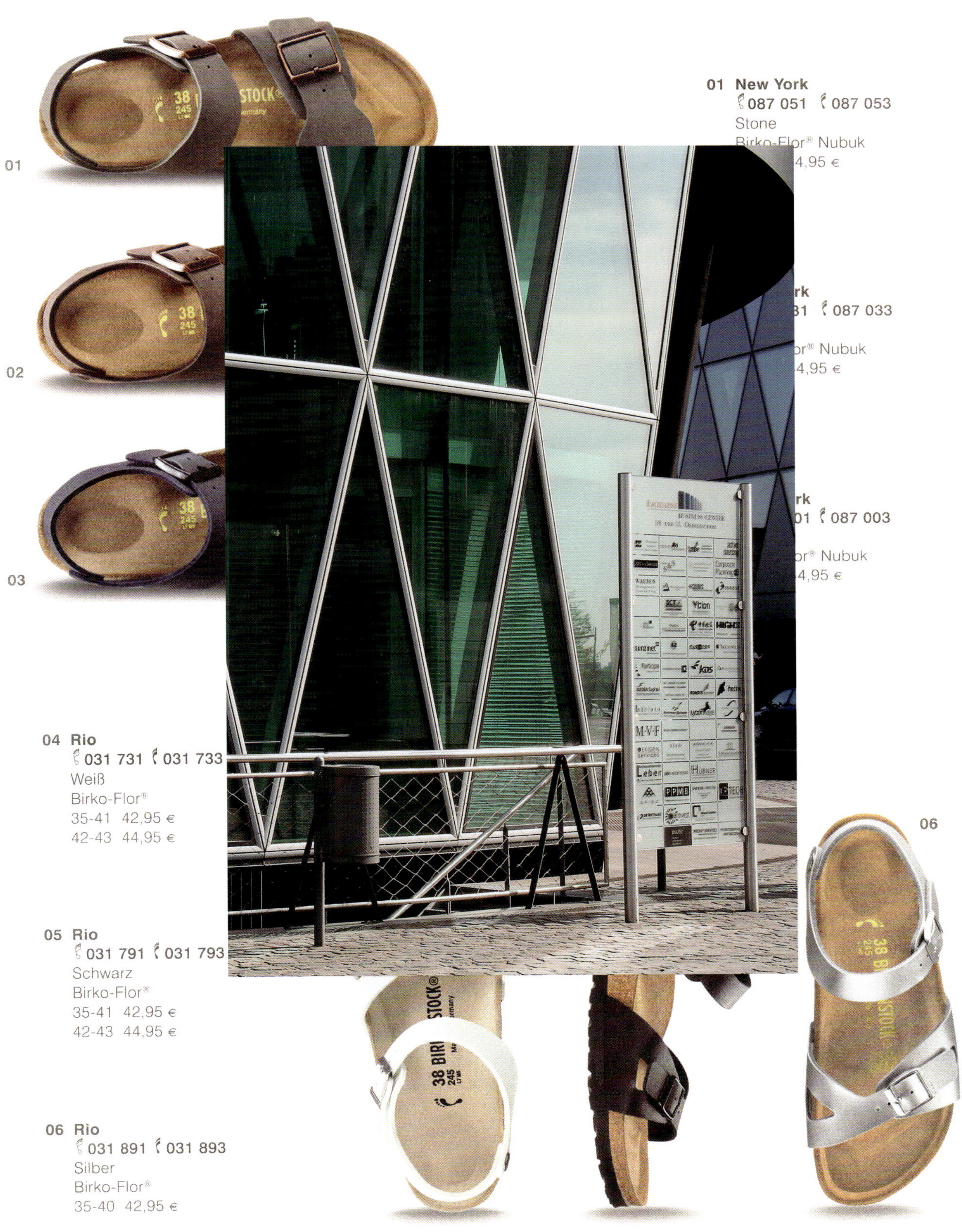

01

02

03

06

01 New York
087 051 087 053
Stone
Birko-Flor® Nubuk
4,95 €

rk
31 087 033
or® Nubuk
4,95 €

rk
01 087 003
or® Nubuk
4,95 €

04 Rio
031 731 031 733
Weiß
Birko-Flor®
35-41 42,95 €
42-43 44,95 €

05 Rio
031 791 031 793
Schwarz
Birko-Flor®
35-41 42,95 €
42-43 44,95 €

06 Rio
031 891 031 893
Silber
Birko-Flor®
35-40 42,95 €

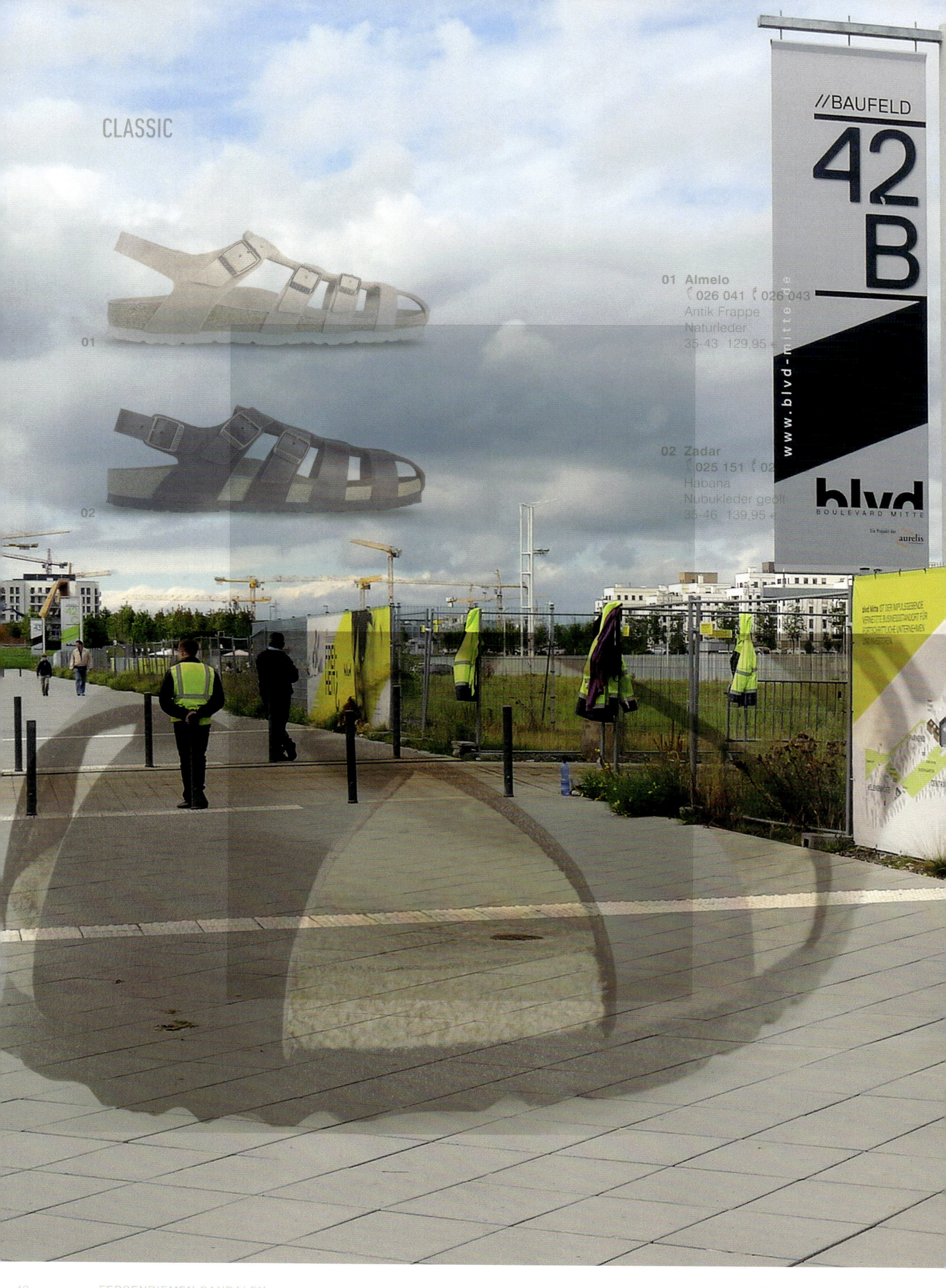

CLASSIC

01

02

01 Almelo
026 041 026 043
Antik Frappe
Naturleder
35-43 129,95 €

02 Zadar
025 151 02
Habana
Nubukleder geölt
35-46 139,95 €

CLASSIC

MESSE
FRANKFURT
blvd
www.blvd-mitte.de
www.europaviertel.de

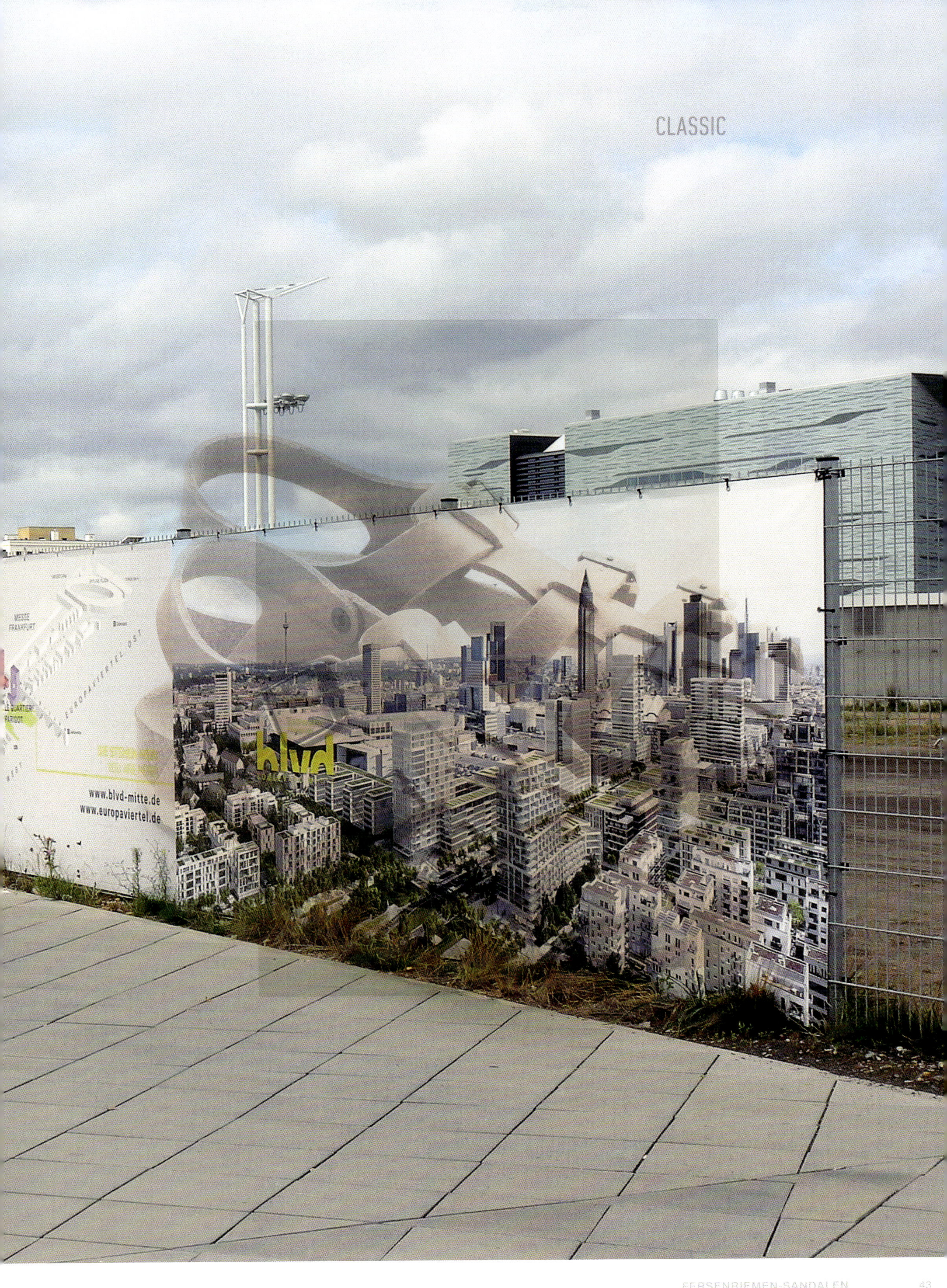

CLASSIC

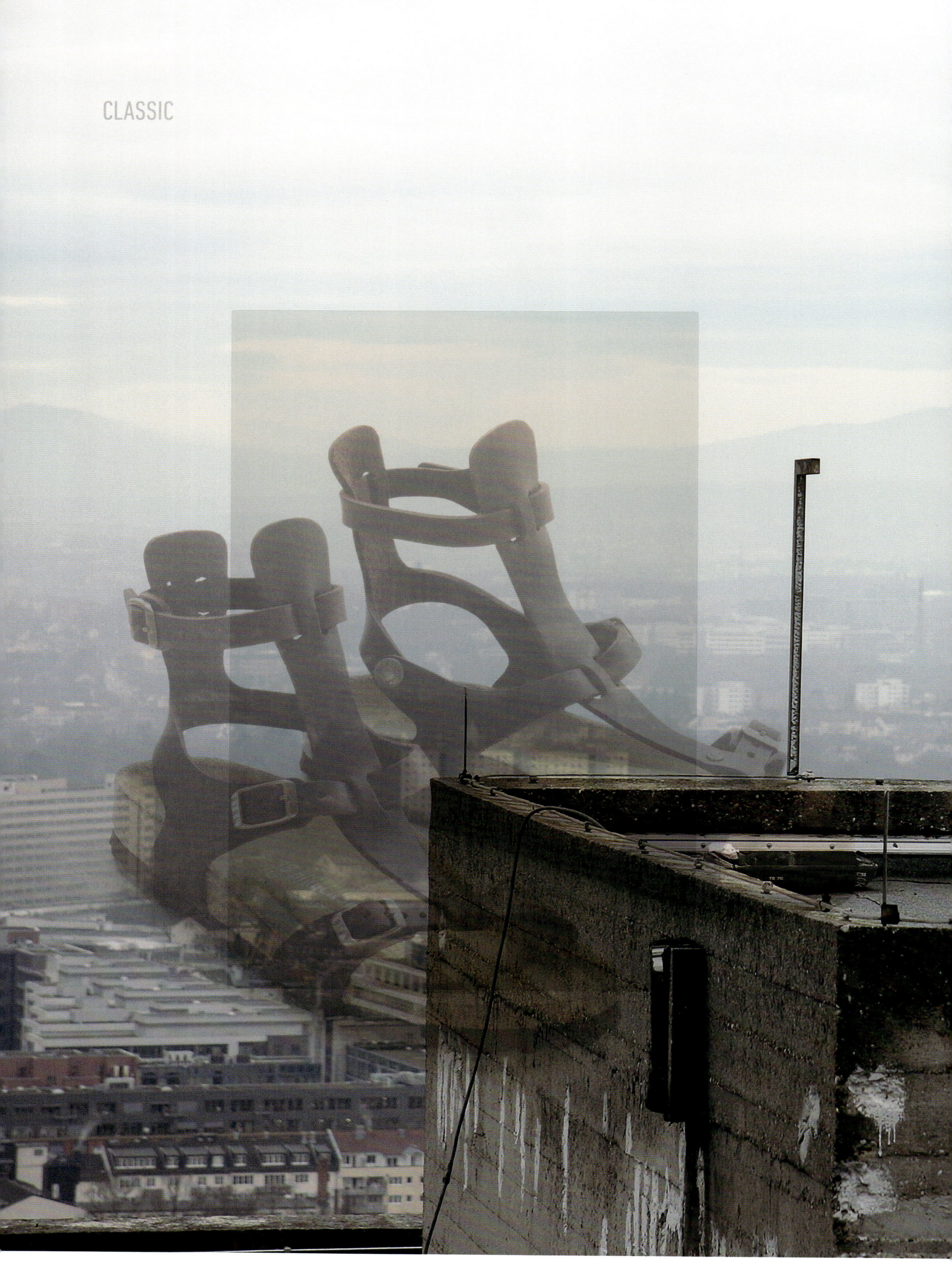

2014 | AfE-Turm, Campus Bockenheim

CLASSIC

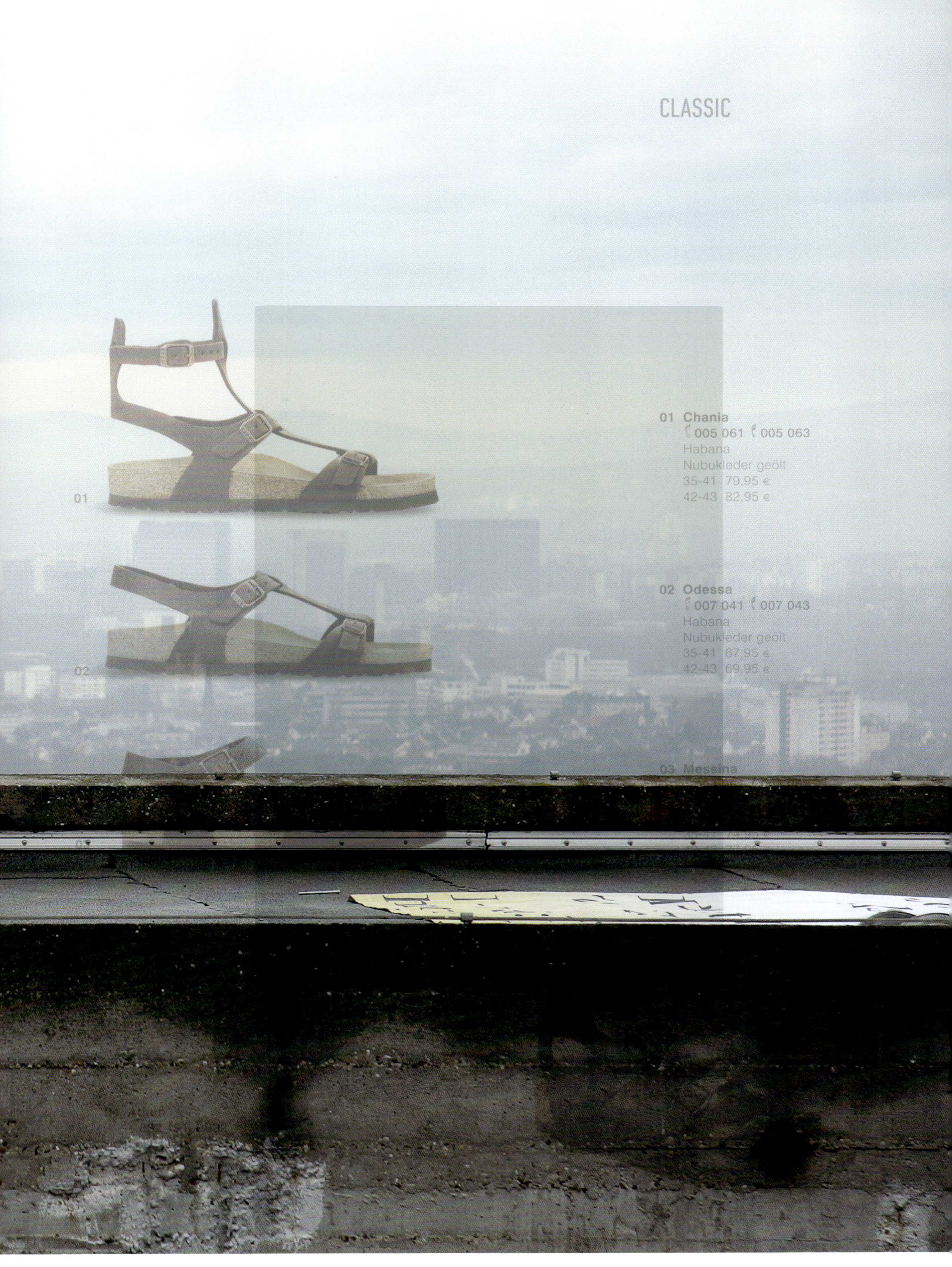

01 **Chania**
005 061 · 005 063
Habana
Nubukleder geölt
35-41 79,95 €
42-43 82,95 €

02 **Odessa**
007 041 · 007 043
Habana
Nubukleder geölt
35-41 67,95 €
42-43 69,95 €

03 **Messina**

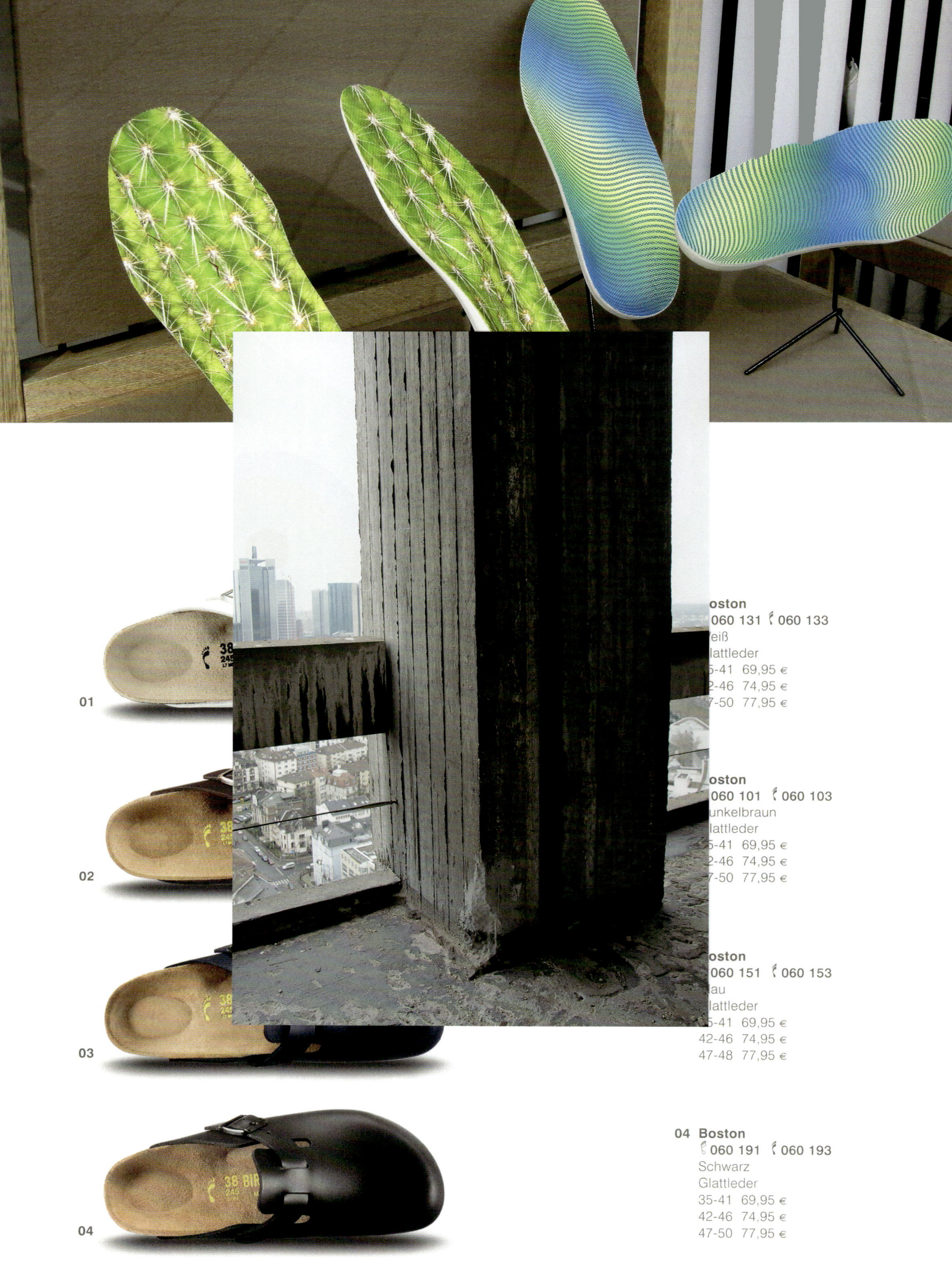

01

oston
060 131 060 133
eiß
lattleder
5-41 69,95 €
2-46 74,95 €
7-50 77,95 €

02

oston
060 101 060 103
unkelbraun
lattleder
5-41 69,95 €
2-46 74,95 €
7-50 77,95 €

03

oston
060 151 060 153
au
lattleder
5-41 69,95 €
42-46 74,95 €
47-48 77,95 €

04

04 **Boston**
060 191 060 193
Schwarz
Glattleder
35-41 69,95 €
42-46 74,95 €
47-50 77,95 €

CLASSIC

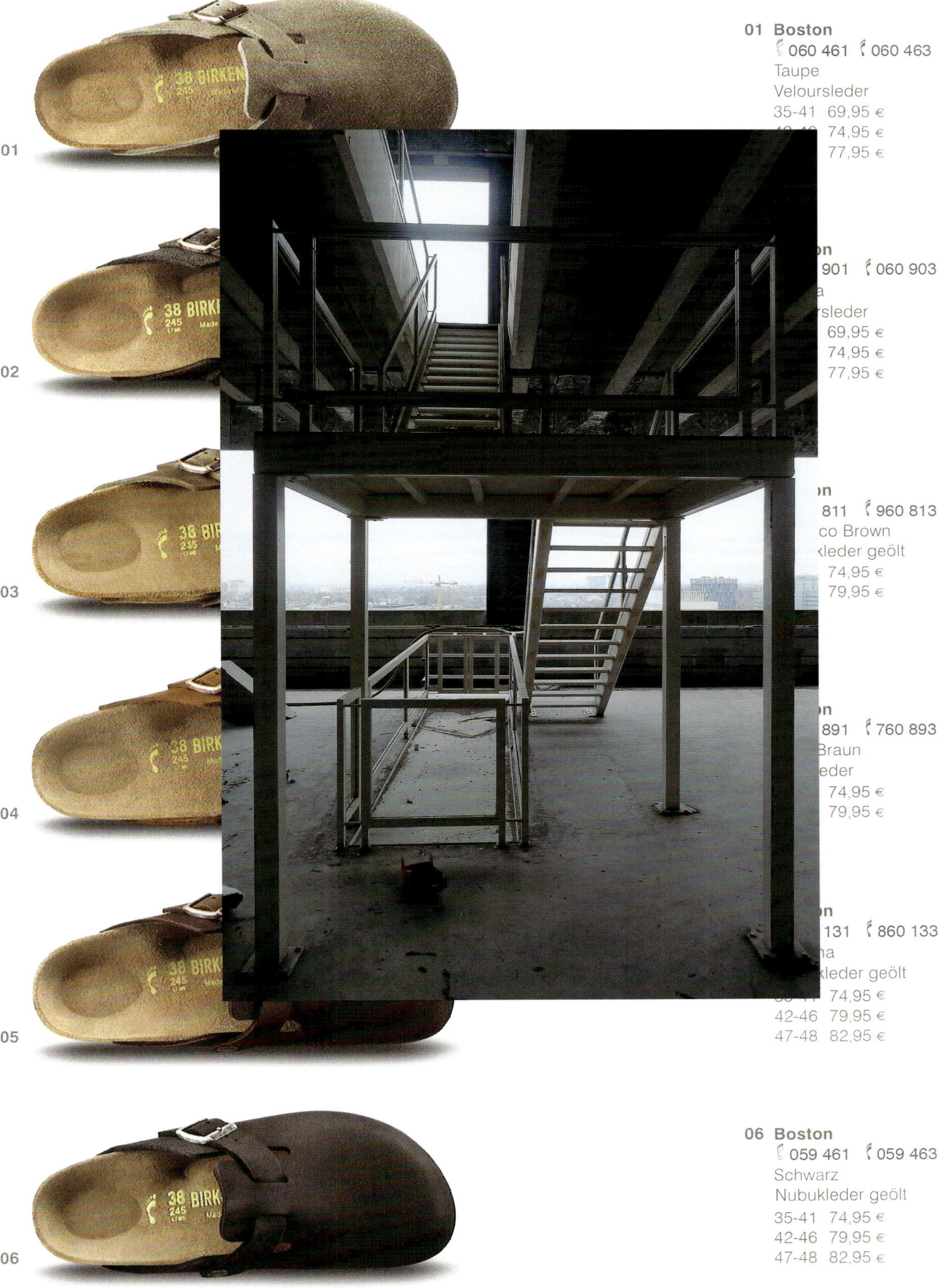

01 Boston
060 461 060 463
Taupe
Veloursleder
35-41 69,95 €
74,95 €
77,95 €

on
901 060 903
a
rsleder
69,95 €
74,95 €
77,95 €

on
811 960 813
co Brown
kleder geölt
74,95 €
79,95 €

n
891 760 893
Braun
eder
74,95 €
79,95 €

n
131 860 133
na
kleder geölt
74,95 €
42-46 79,95 €
47-48 82,95 €

06 Boston
059 461 059 463
Schwarz
Nubukleder geölt
35-41 74,95 €
42-46 79,95 €
47-48 82,95 €

CLASSIC

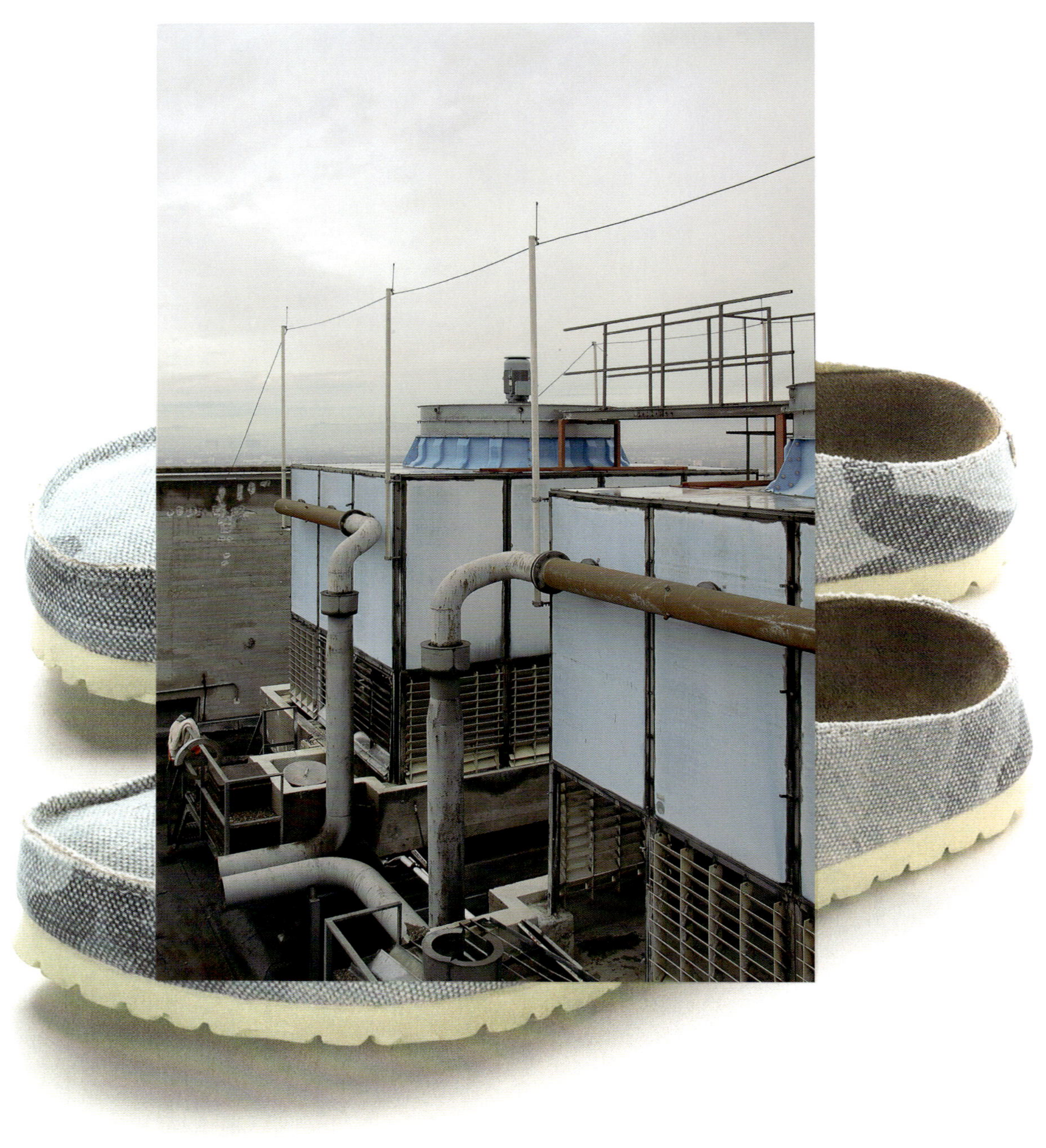

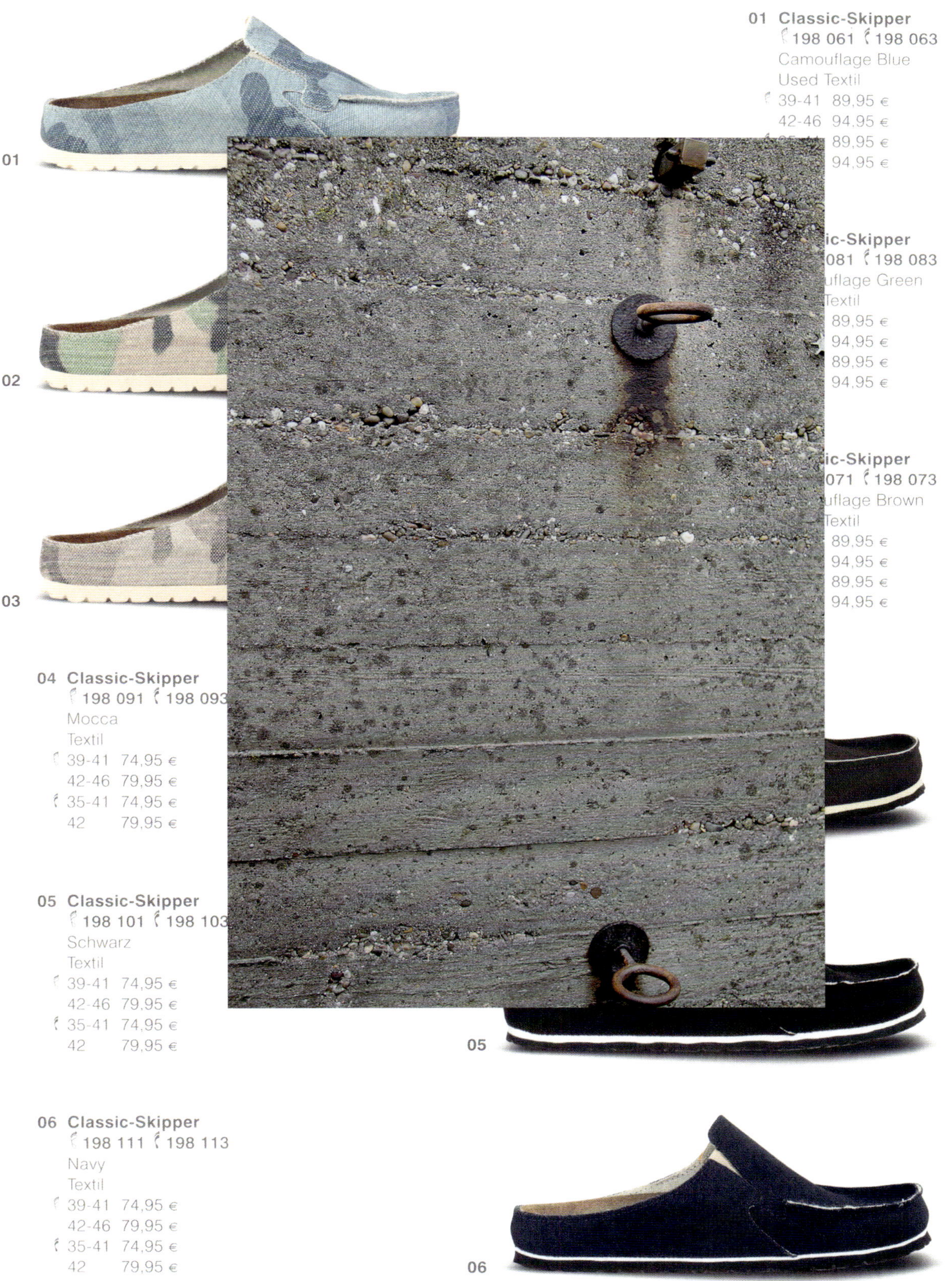

01 **Classic-Skipper**
198 061 198 063
Camouflage Blue
Used Textil
39-41 89,95 €
42-46 94,95 €
89,95 €
94,95 €

01

ic-Skipper
081 198 083
uflage Green
Textil
89,95 €
94,95 €
89,95 €
94,95 €

02

ic-Skipper
071 198 073
uflage Brown
Textil
89,95 €
94,95 €
89,95 €
94,95 €

03

04 **Classic-Skipper**
198 091 198 093
Mocca
Textil
39-41 74,95 €
42-46 79,95 €
35-41 74,95 €
42 79,95 €

05 **Classic-Skipper**
198 101 198 103
Schwarz
Textil
39-41 74,95 €
42-46 79,95 €
35-41 74,95 €
42 79,95 €

05

06 **Classic-Skipper**
198 111 198 113
Navy
Textil
39-41 74,95 €
42-46 79,95 €
35-41 74,95 €
42 79,95 €

06

CLASSIC

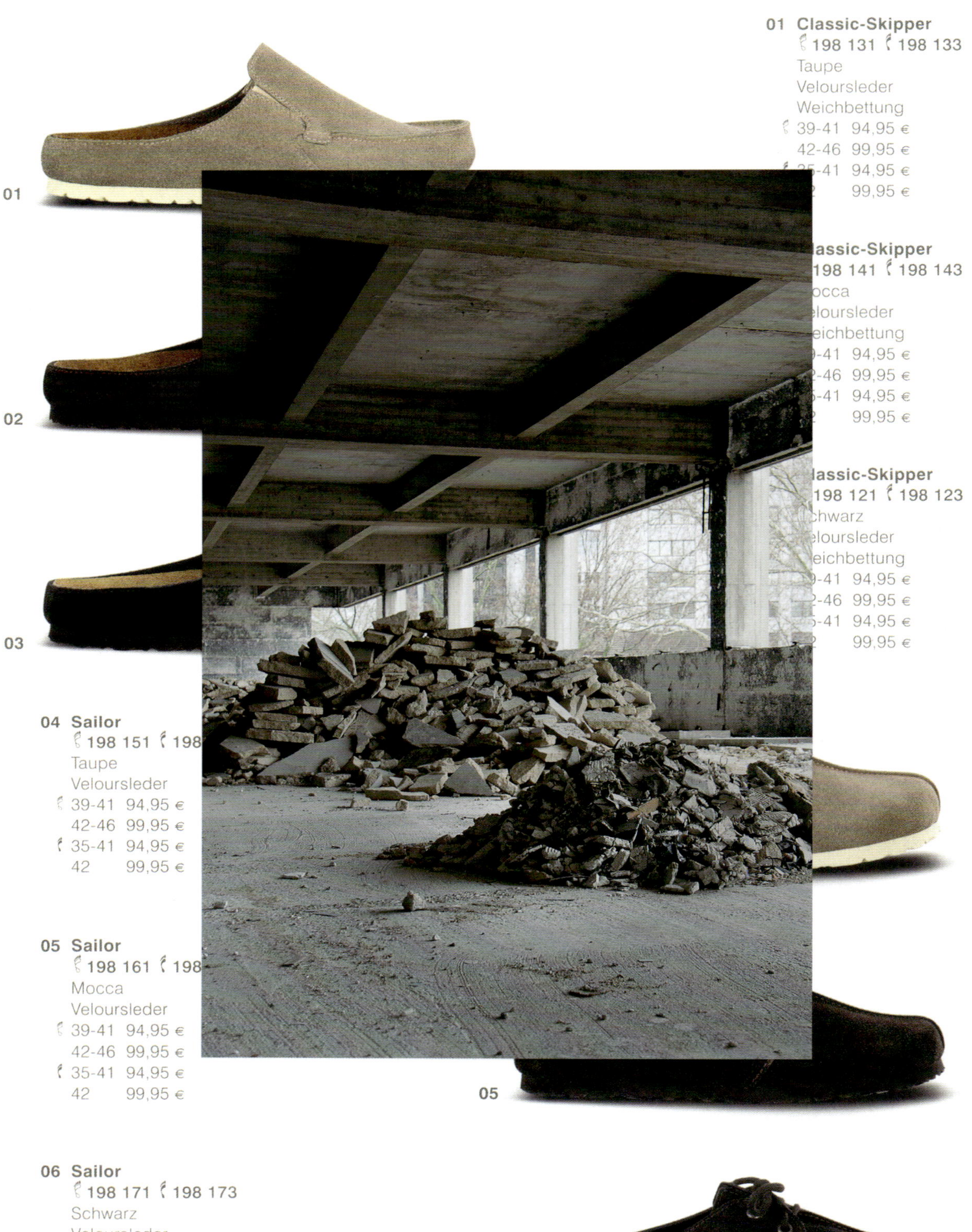

01 **Classic-Skipper**
198 131 198 133
Taupe
Veloursleder
Weichbettung
39-41 94,95 €
42-46 99,95 €
-41 94,95 €
99,95 €

lassic-Skipper
198 141 198 143
occa
eloursleder
eichbettung
-41 94,95 €
-46 99,95 €
-41 94,95 €
99,95 €

lassic-Skipper
198 121 198 123
chwarz
eloursleder
eichbettung
-41 94,95 €
-46 99,95 €
-41 94,95 €
99,95 €

04 **Sailor**
198 151 198
Taupe
Veloursleder
39-41 94,95 €
42-46 99,95 €
35-41 94,95 €
42 99,95 €

05 **Sailor**
198 161 198
Mocca
Veloursleder
39-41 94,95 €
42-46 99,95 €
35-41 94,95 €
42 99,95 €

06 **Sailor**
198 171 198 173
Schwarz
Veloursleder
39-41 94,95 €
42-46 99,95 €
35-41 94,95 €
42 99,95 €

CLASSIC

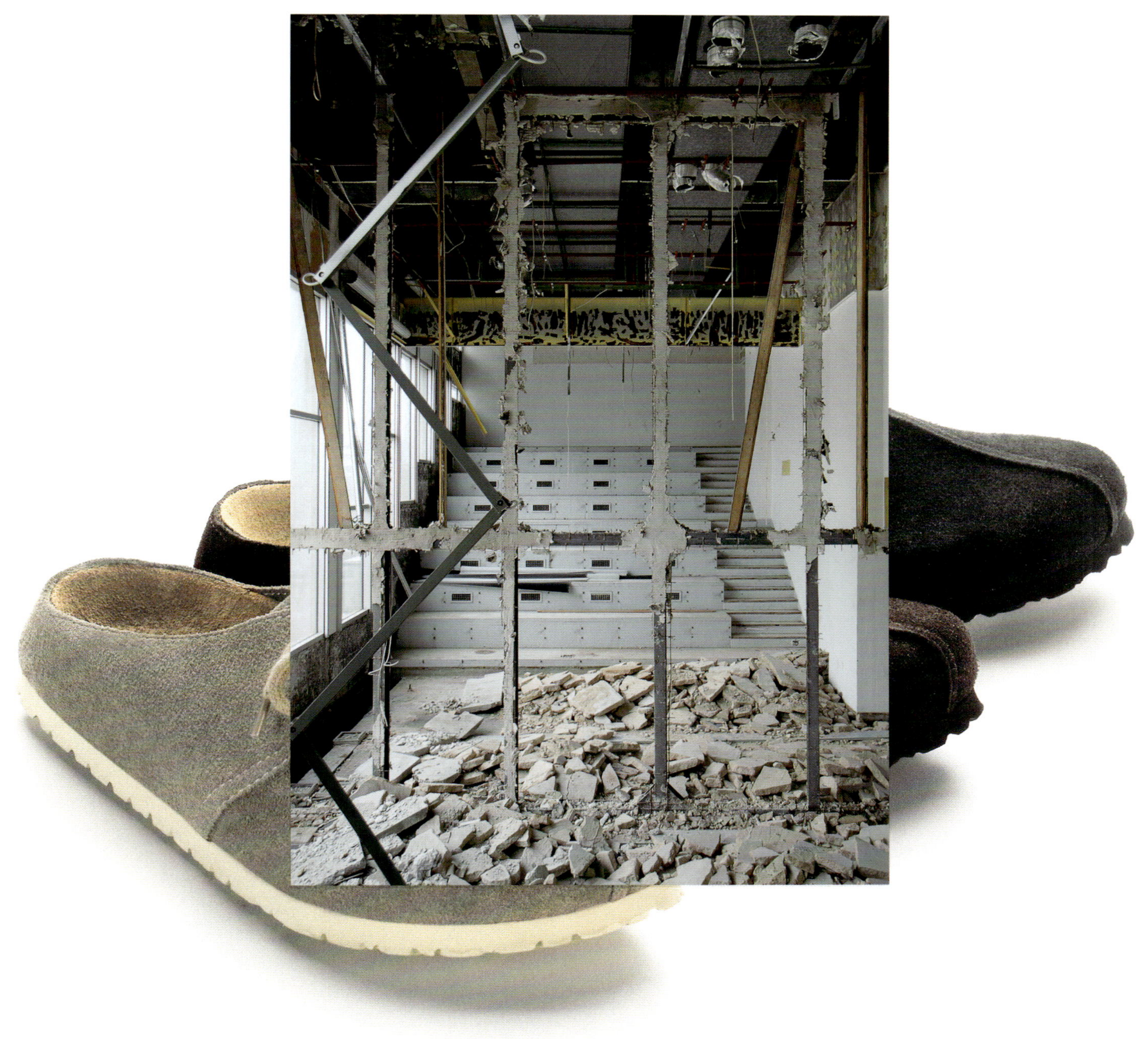

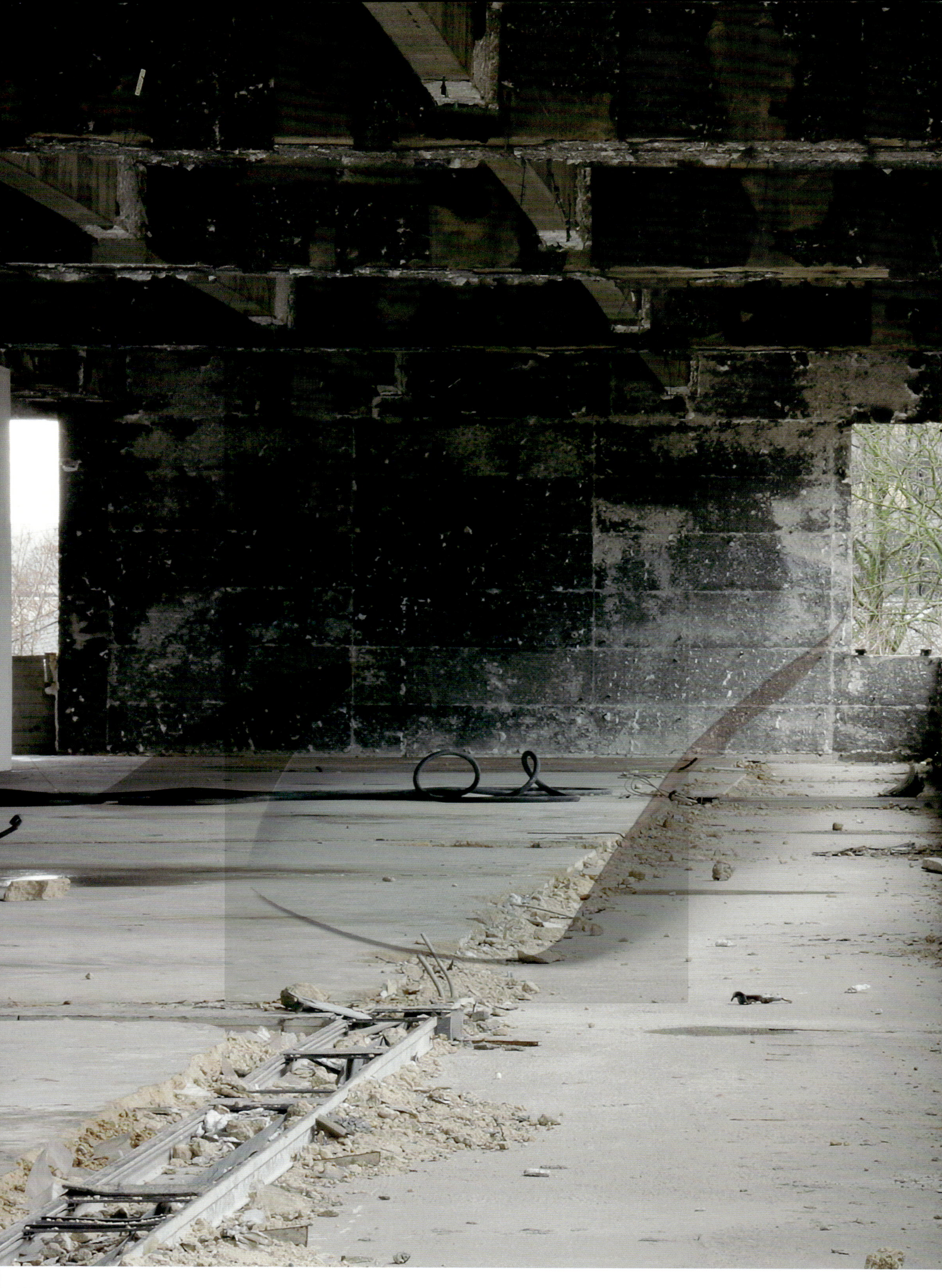

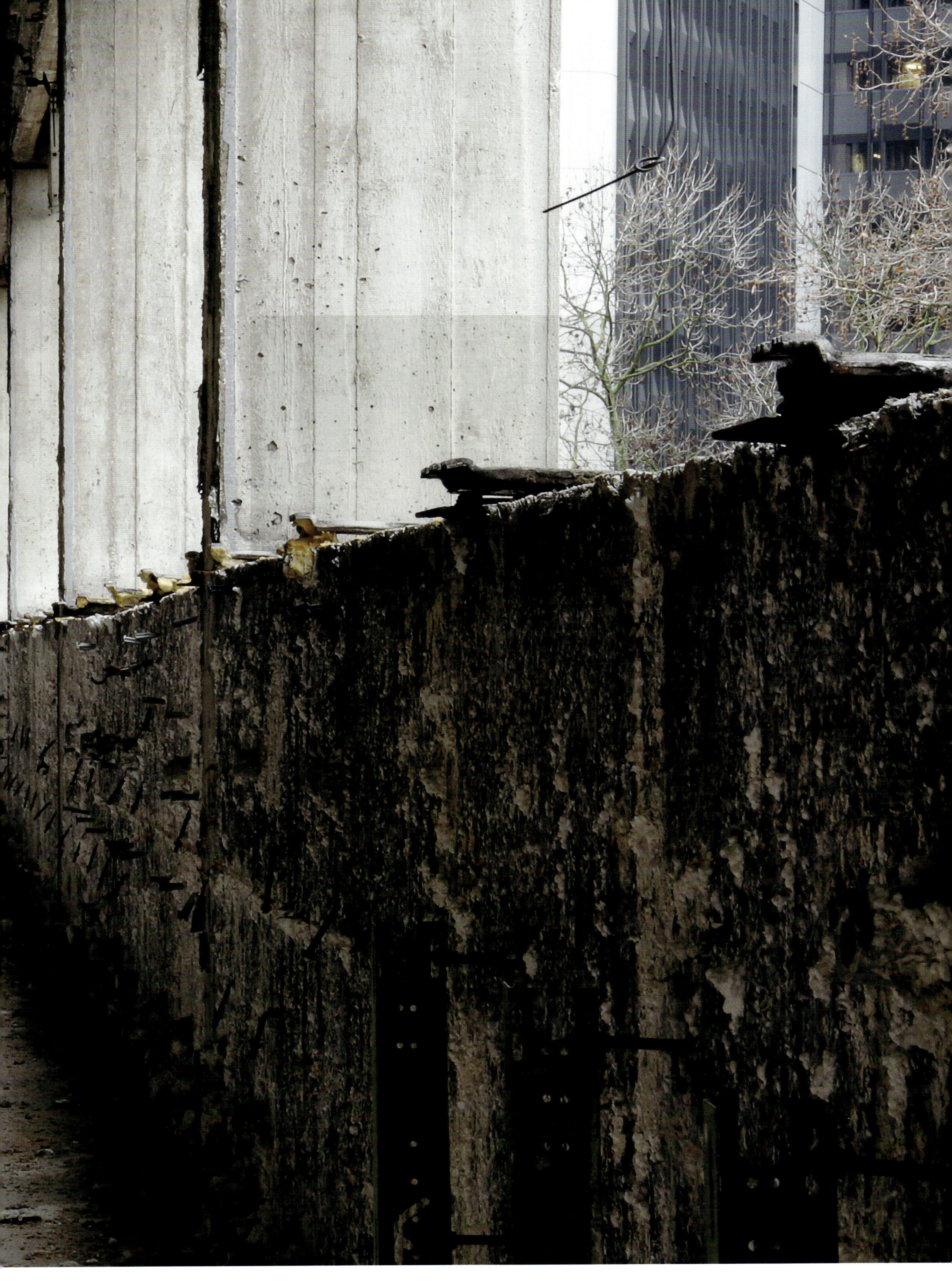

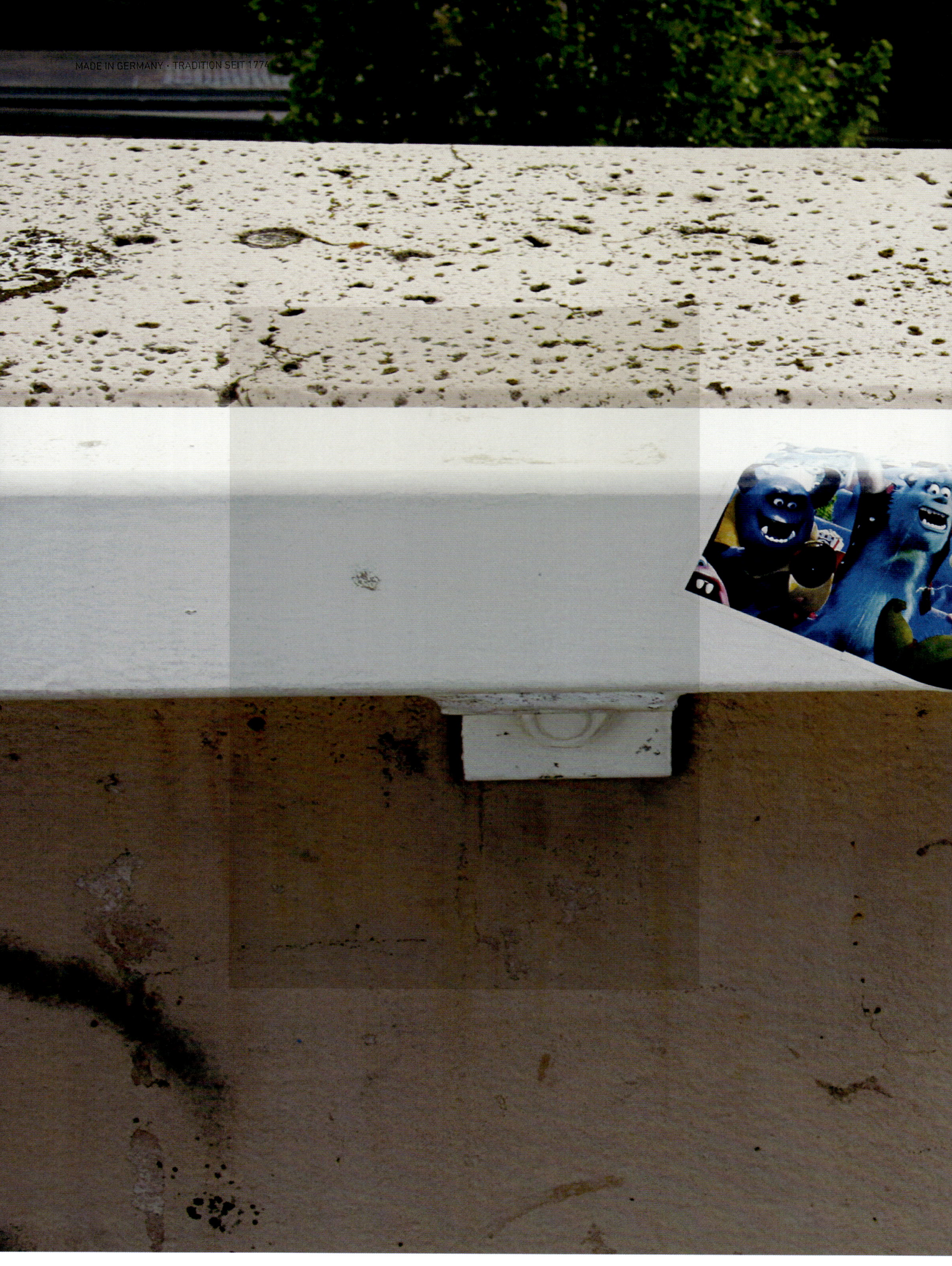

2014 | Fußgängerbrücke Bremer Straße

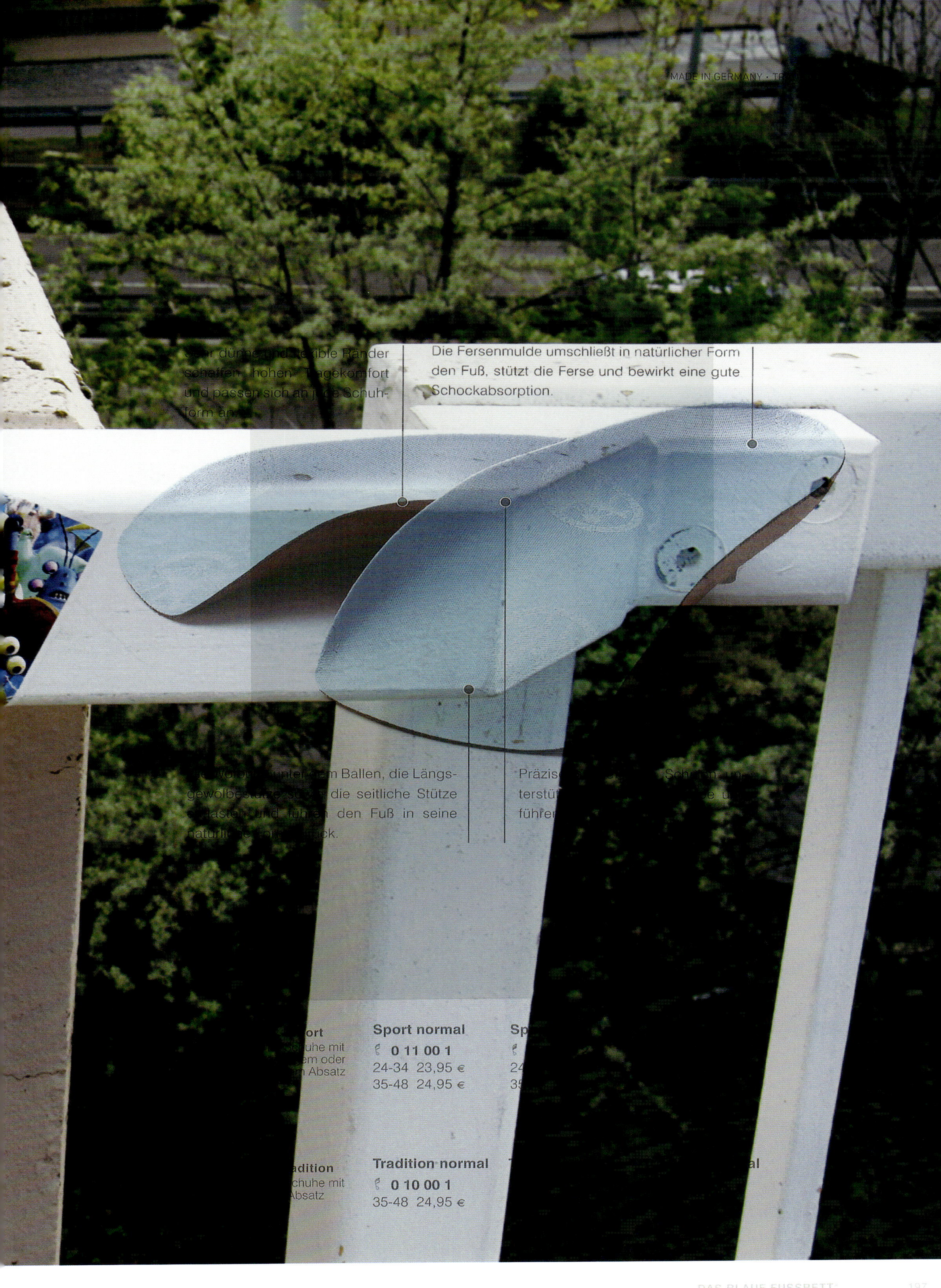
Die Fersenmulde umschließt in natürlicher Form den Fuß, stützt die Ferse und bewirkt eine gute Schockabsorption.
Sport normal
0 11 00 1
24-34 23,95 €
35-48 24,95 €
Tradition normal
0 10 00 1
35-48 24,95 €

01

ınd Pumps mit Absatz
:hwertigem Leder

02

ußlaufen
ger, hygienischer Bezug

03

:hwertigem Leder
m

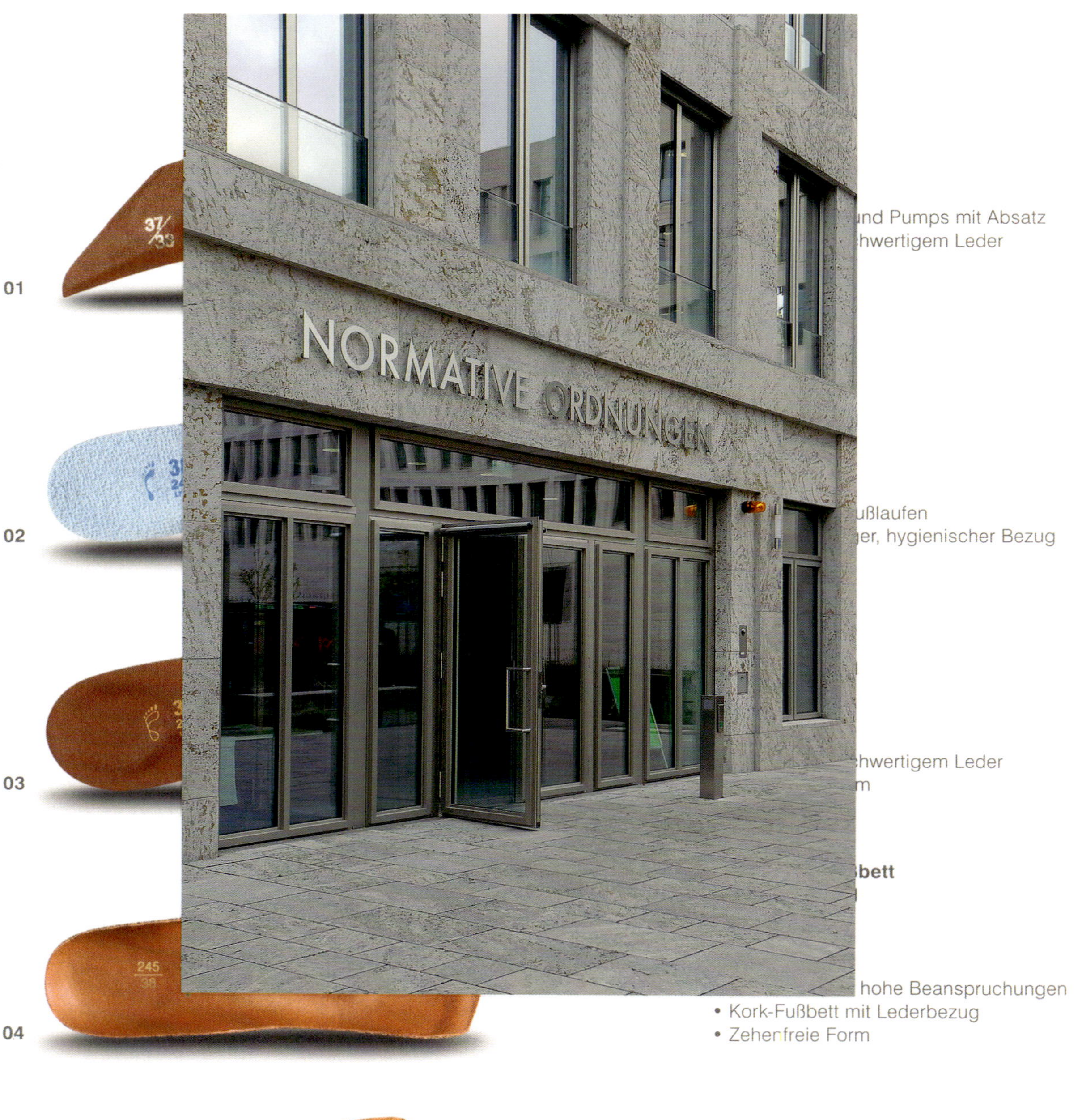

bett

04

hohe Beanspruchungen
- Kork-Fußbett mit Lederbezug
- Zehenfreie Form

05

05 Birko-Tex-Sohle
Damen: 026 000
35-48 12,95 €
Herren: 026 100
35-48 12,95 €
- Griffiger, strapazierfähiger, hautfreundlicher Textilbezug
- Für eine angenehme, wohltuende Schrittdämpfung

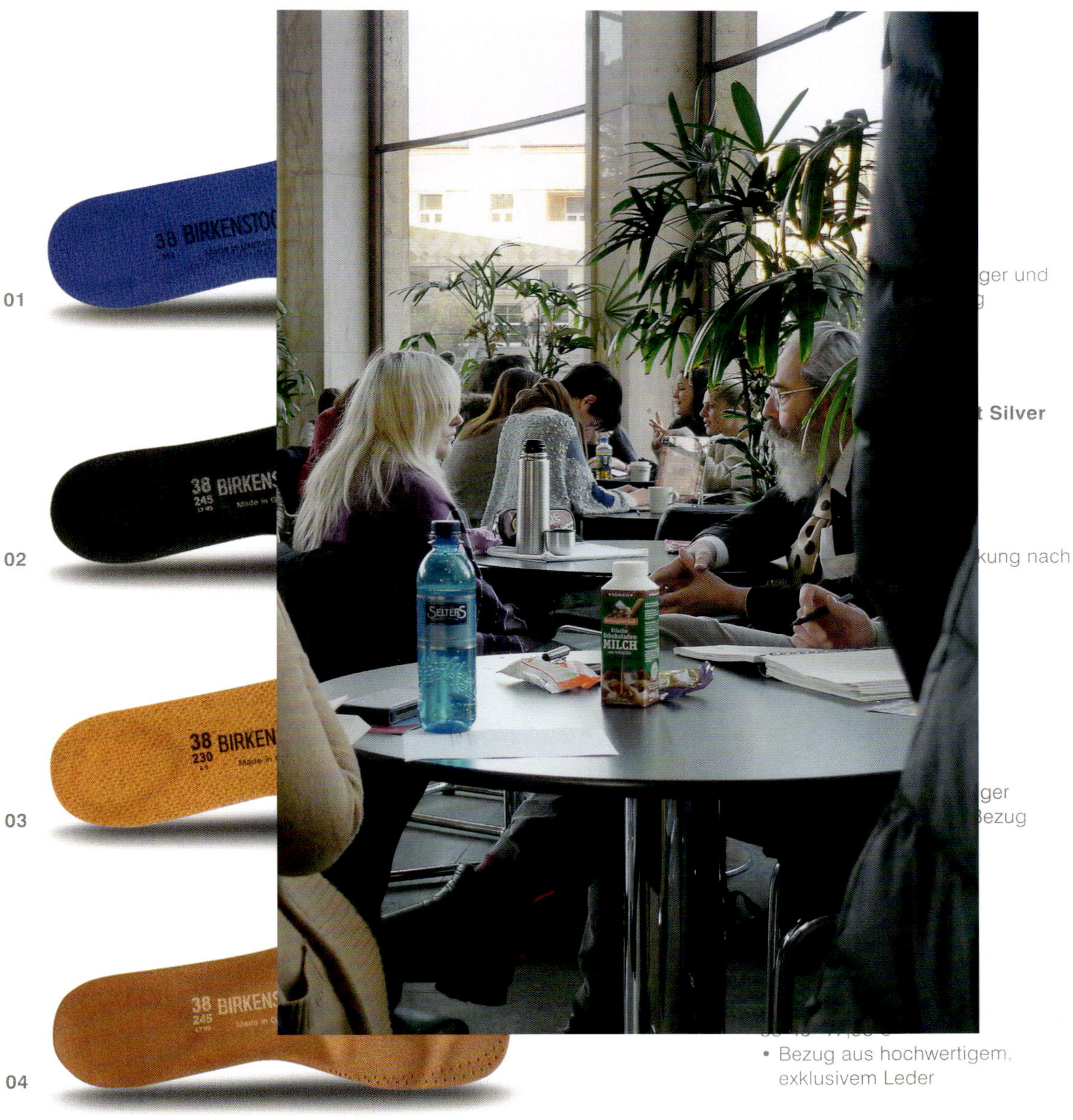
01
02
03
04
ger und
t Silver
kung nach
ger
Bezug
• Bezug aus hochwertigem,
exklusivem Leder

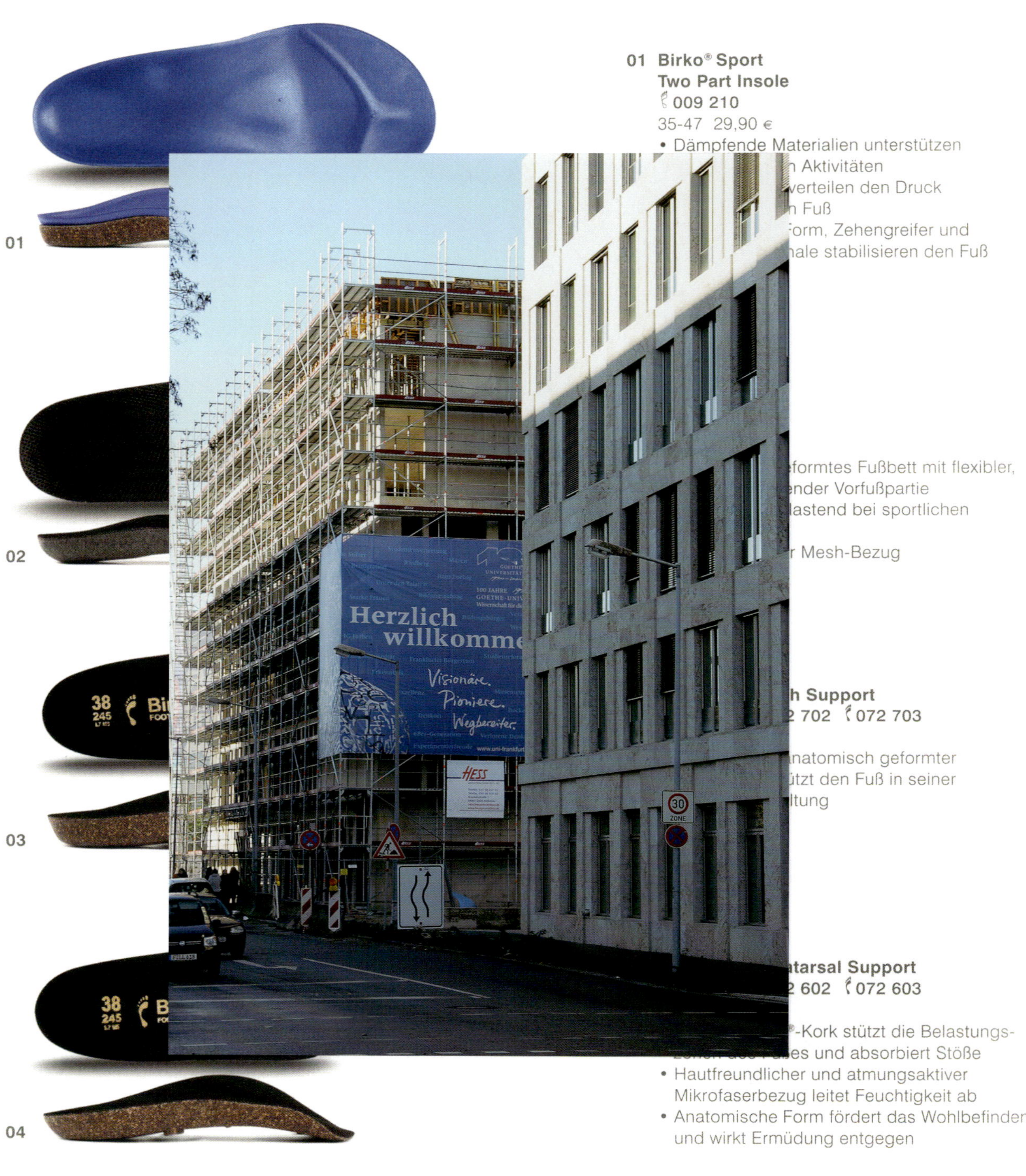

01

02

03

04

01 Birko® Sport
Two Part Insole
009 210
35-47 29,90 €
• Dämpfende Materialien unterstützen
n Aktivitäten
verteilen den Druck
n Fuß
Form, Zehengreifer und
nale stabilisieren den Fuß

eformtes Fußbett mit flexibler,
ender Vorfußpartie
lastend bei sportlichen

r Mesh-Bezug

h Support
2 702 072 703

natomisch geformter
ützt den Fuß in seiner
ltung

atarsal Support
2 602 072 603

®-Kork stützt die Belastungs-
es und absorbiert Stöße
• Hautfreundlicher und atmungsaktiver Mikrofaserbezug leitet Feuchtigkeit ab
• Anatomische Form fördert das Wohlbefinden und wirkt Ermüdung entgegen

01 Birko® Comfort Business Elegance

070 502

35-47 24,90 €

- Anatomisch geformtes Fußbett aus komfortablem, dämpfendem Birko® Zell und stabilisierendem Versteifungsstoff mit

nulde

und in seine natürlich,

acht

atmungsaktivem

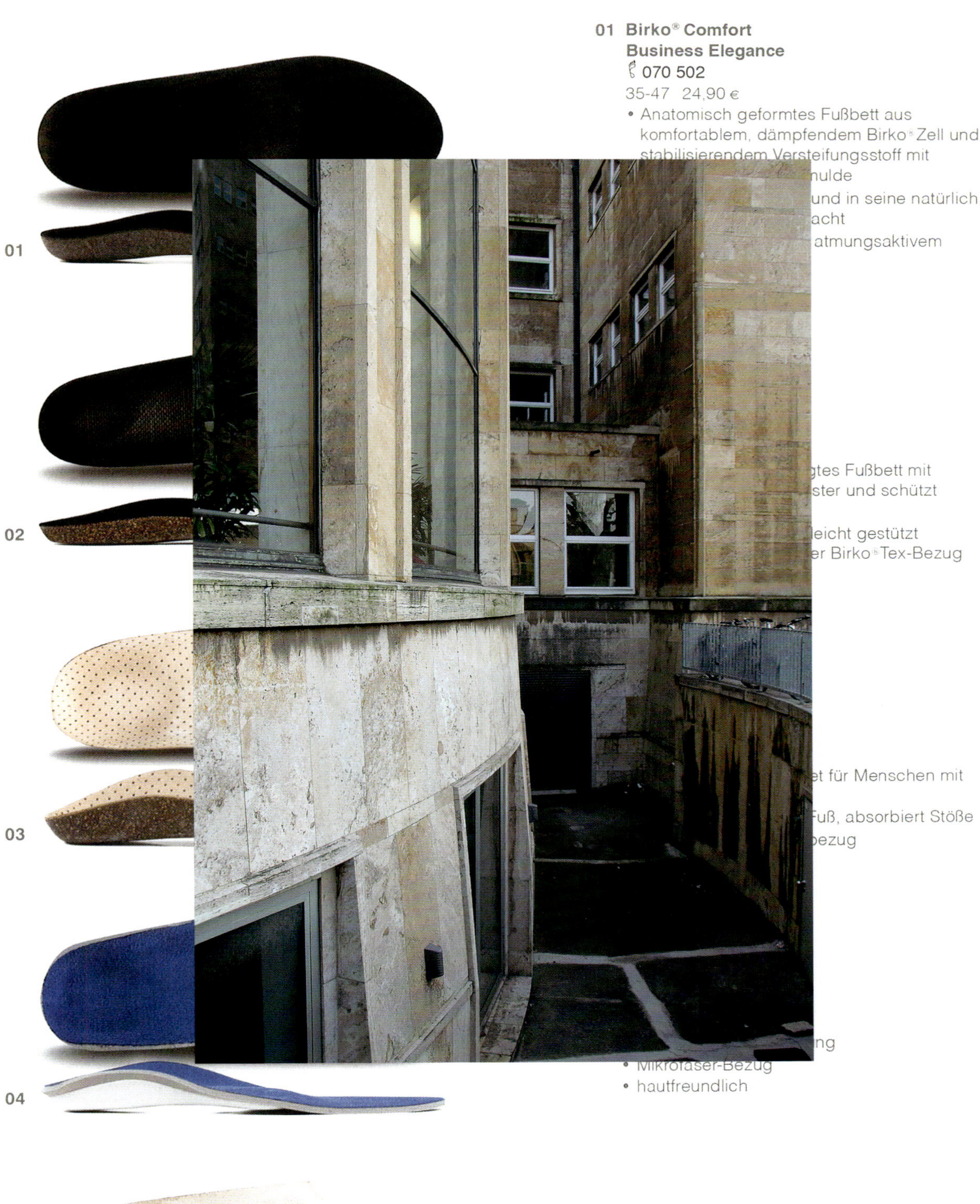

01

02

gtes Fußbett mit

ster und schützt

leicht gestützt

er Birko® Tex-Bezug

03

et für Menschen mit

Fuß, absorbiert Stöße

bezug

04

ng

- Mikrofaser-Bezug
- hautfreundlich

05

05 Birko® Natural Comfort Feeling

073 500

36-46 24,95 €

- vegetabil gegerbte Lederdecke
- Kork-Latex-Kern

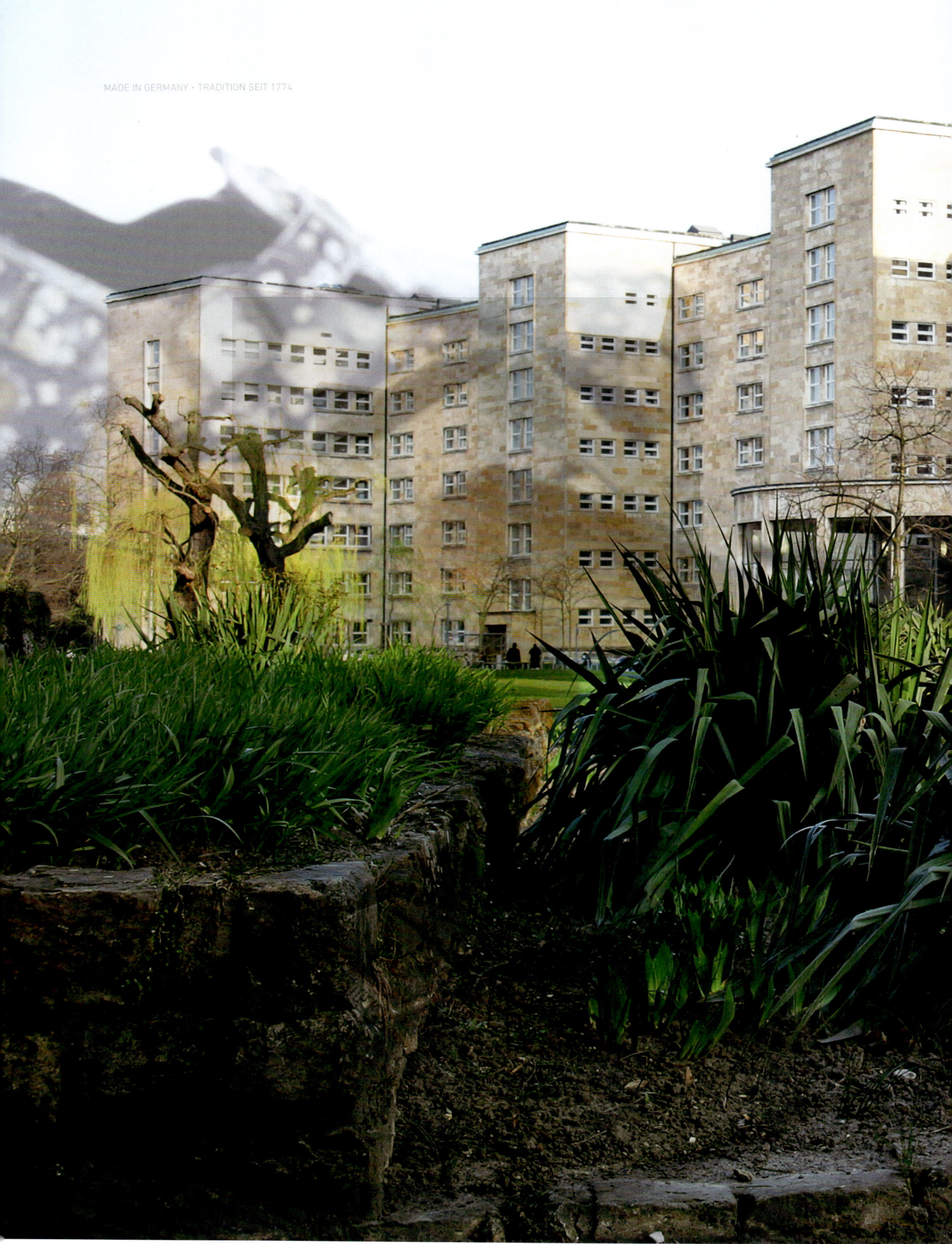

2011 | I.G.-Farben-Haus, Campus Westend

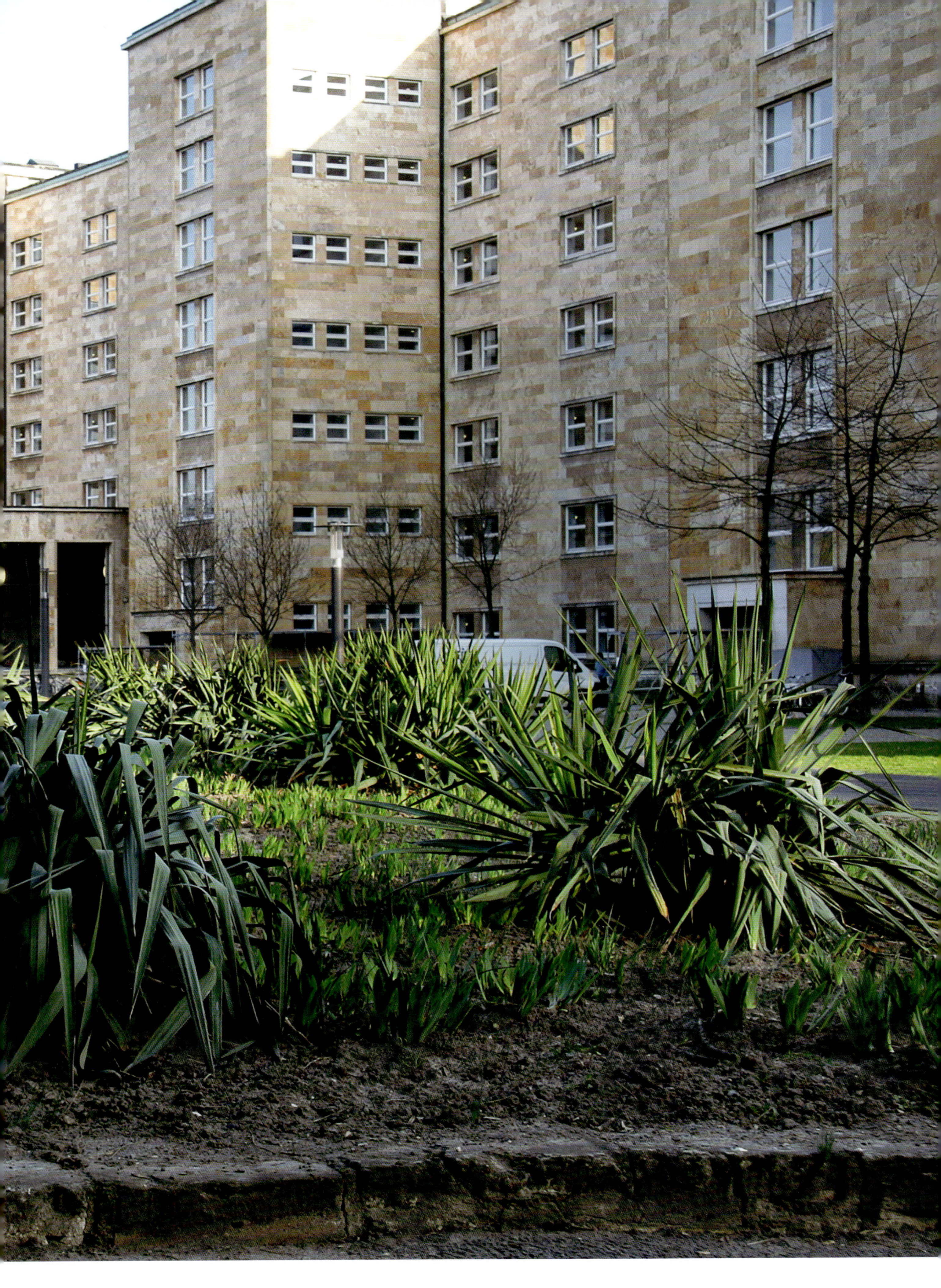

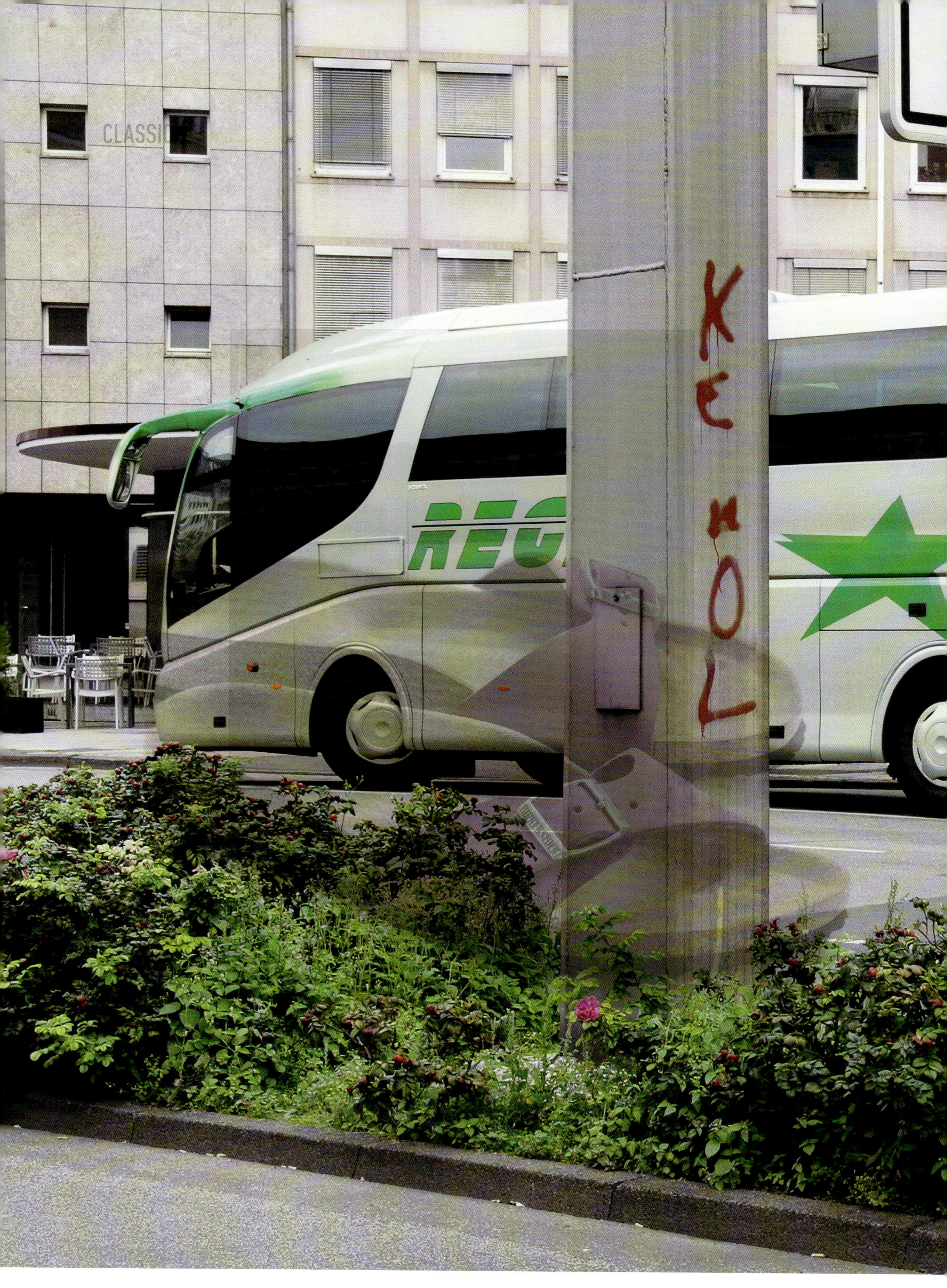

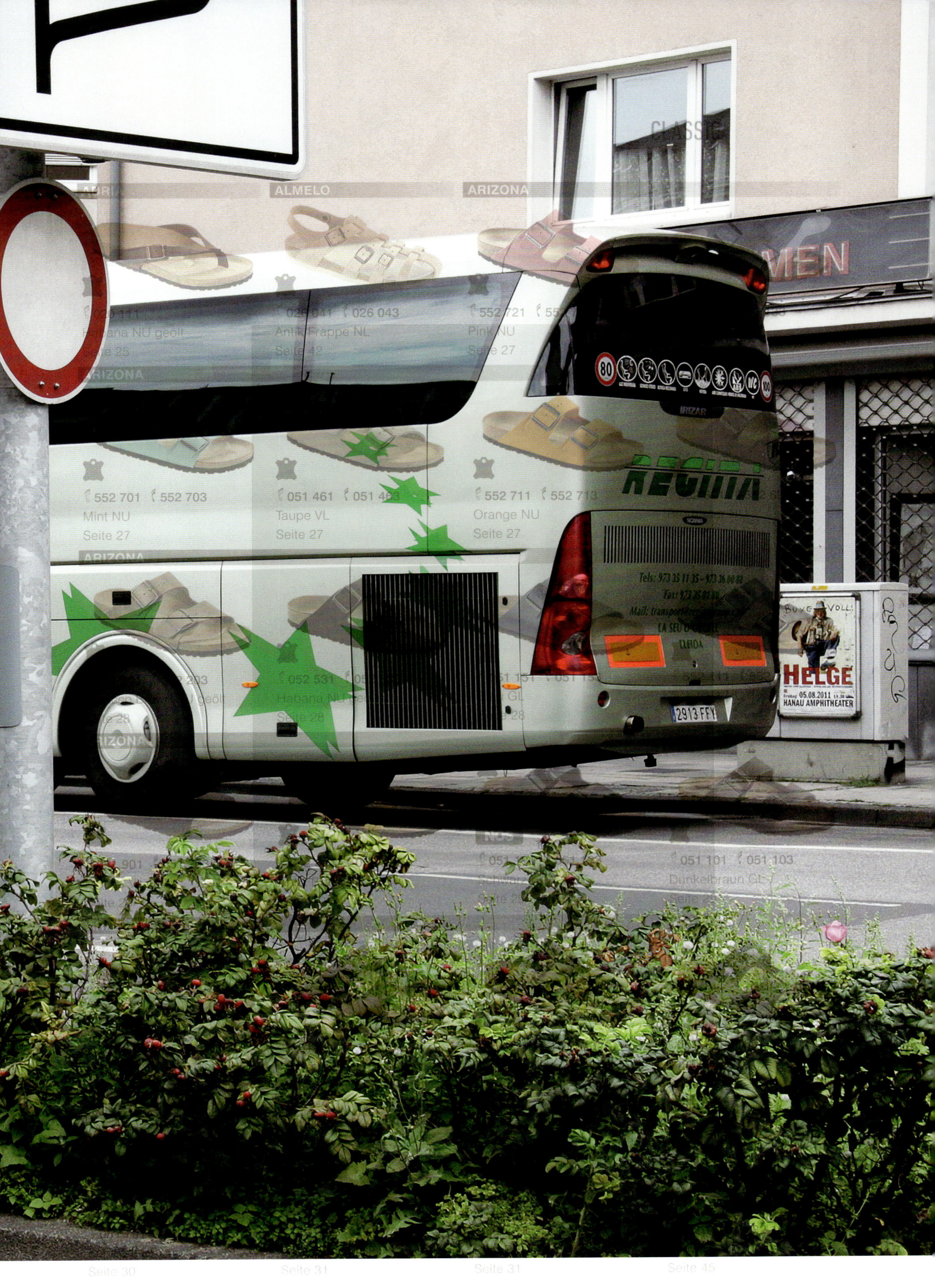

ALMELO
ARIZONA
026 041 026 043
Antik Frappe NL
Seite 42
552 721
Pink NU
Seite 27
552 701 552 703
Mint NU
Seite 27
051 461
Taupe VL
Seite 27
552 711 552 713
Orange NU
Seite 27
052 531
HELGE
HANAU AMPHITHEATER
2913 FFY
051 101 051 103
Dunkelbraun GL
Seite 30
Seite 31
Seite 31
Seite 45

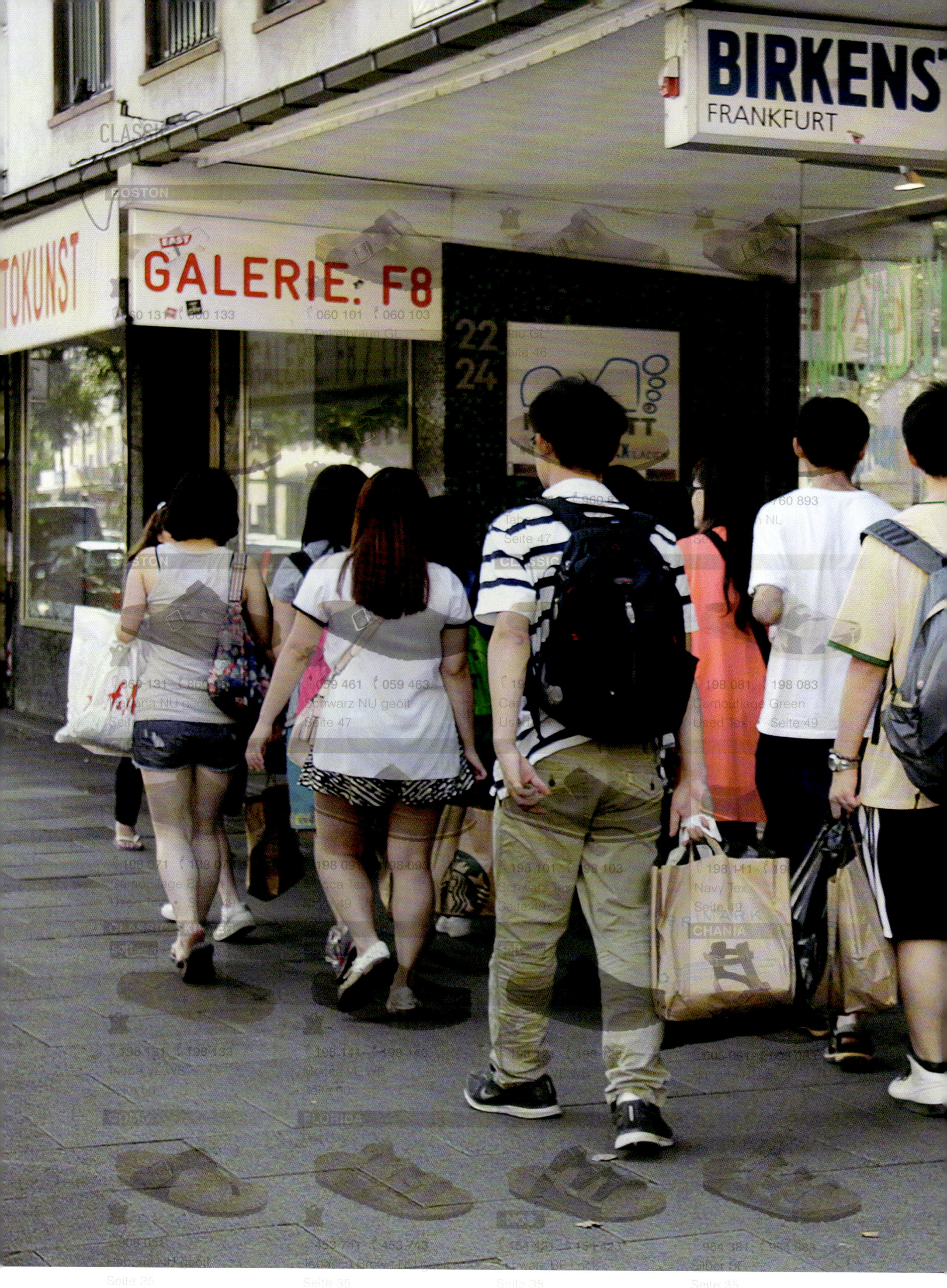
BIRKENST
FRANKFURT
GALERIE: F8
TOKUNST
22
24

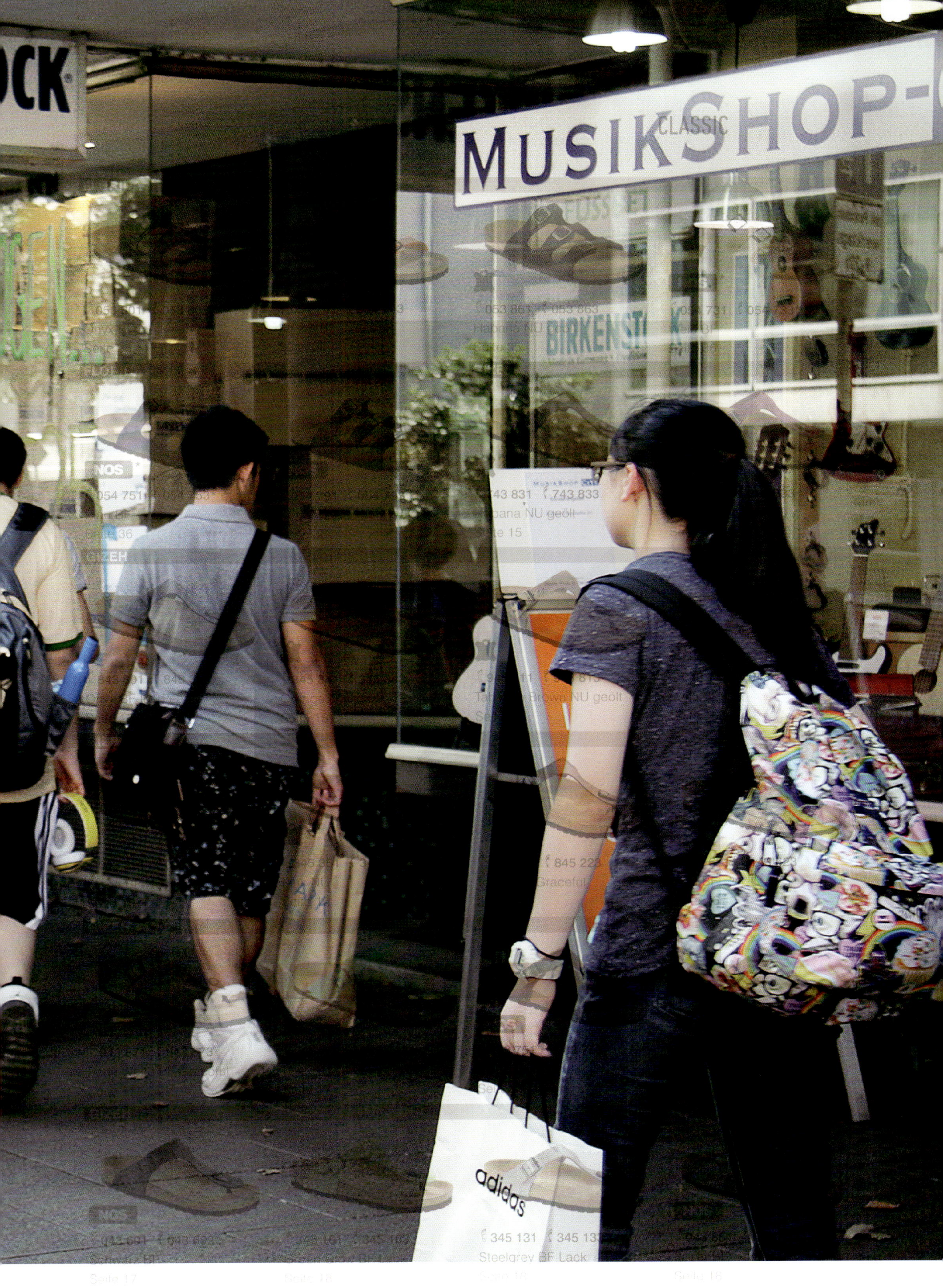
MUSIKSHOP-
CLASSIC
BIRKENST
743 831
743 833
Seite 15
845 228
Graceful
adidas
345 131
345 133
Steelgrey BF Lack

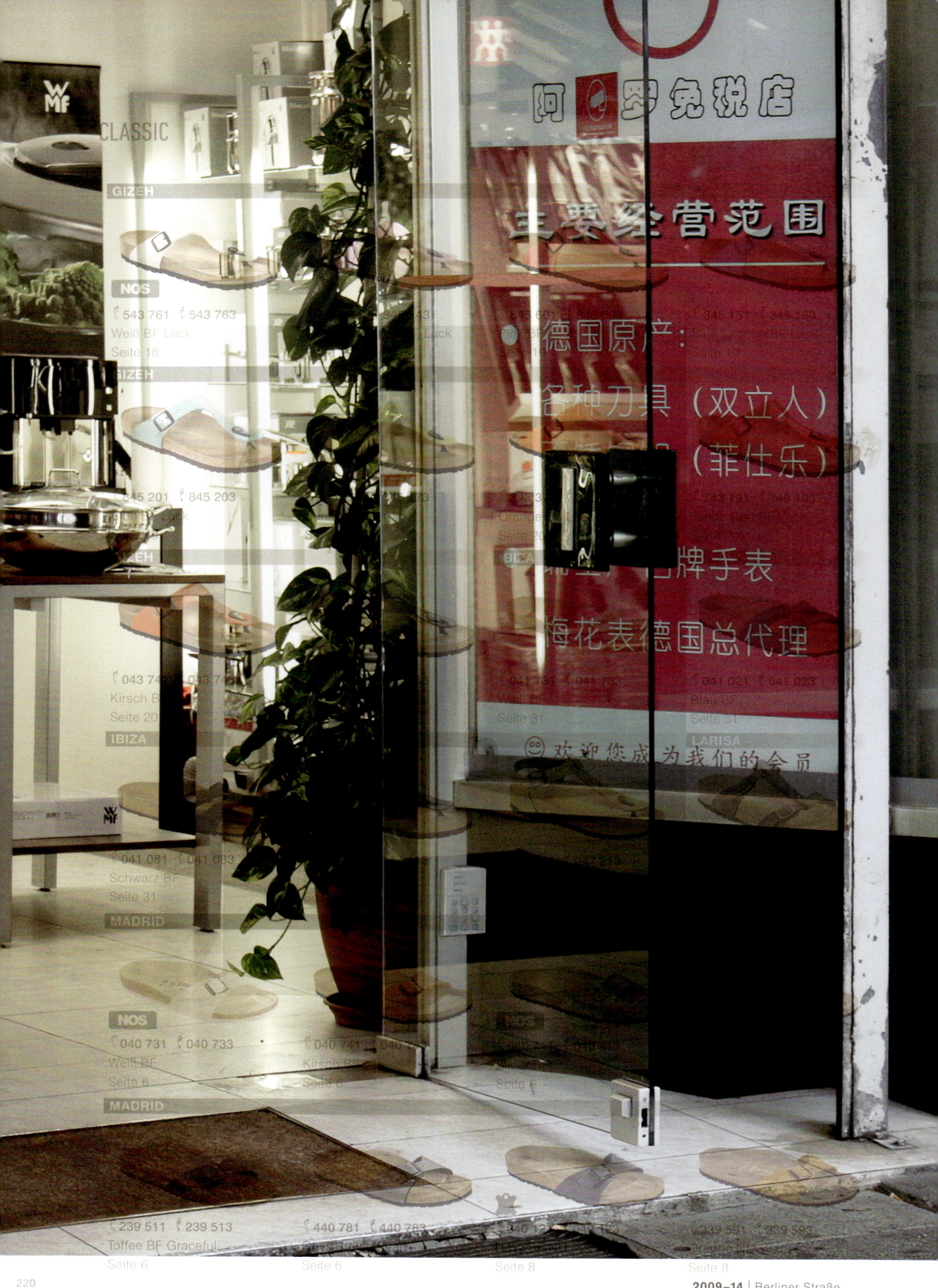
WMF
CLASSIC
阿罗免税店
主要经营范围
德国原产：
各种刀具（双立人）
（菲仕乐）
牌手表
海花表德国总代理
欢迎您成为我们的会员
GIZEH
NOS
543 761 543 763
Weiß BF Lack
Seite 18
GIZEH
845 201 845 203
IBIZA
Seite 20
Schwarz BF
Seite 31
MADRID
NOS
040 731 040 733
Weiß BF
Seite 6
MADRID
239 511 239 513
Toffee BF Graceful
Seite 6
440 781 440 783
Seite 6
Seite 8
041 021 041 023
Blau BF
Seite 31
LARISA
339 591 339 593
Seite 8

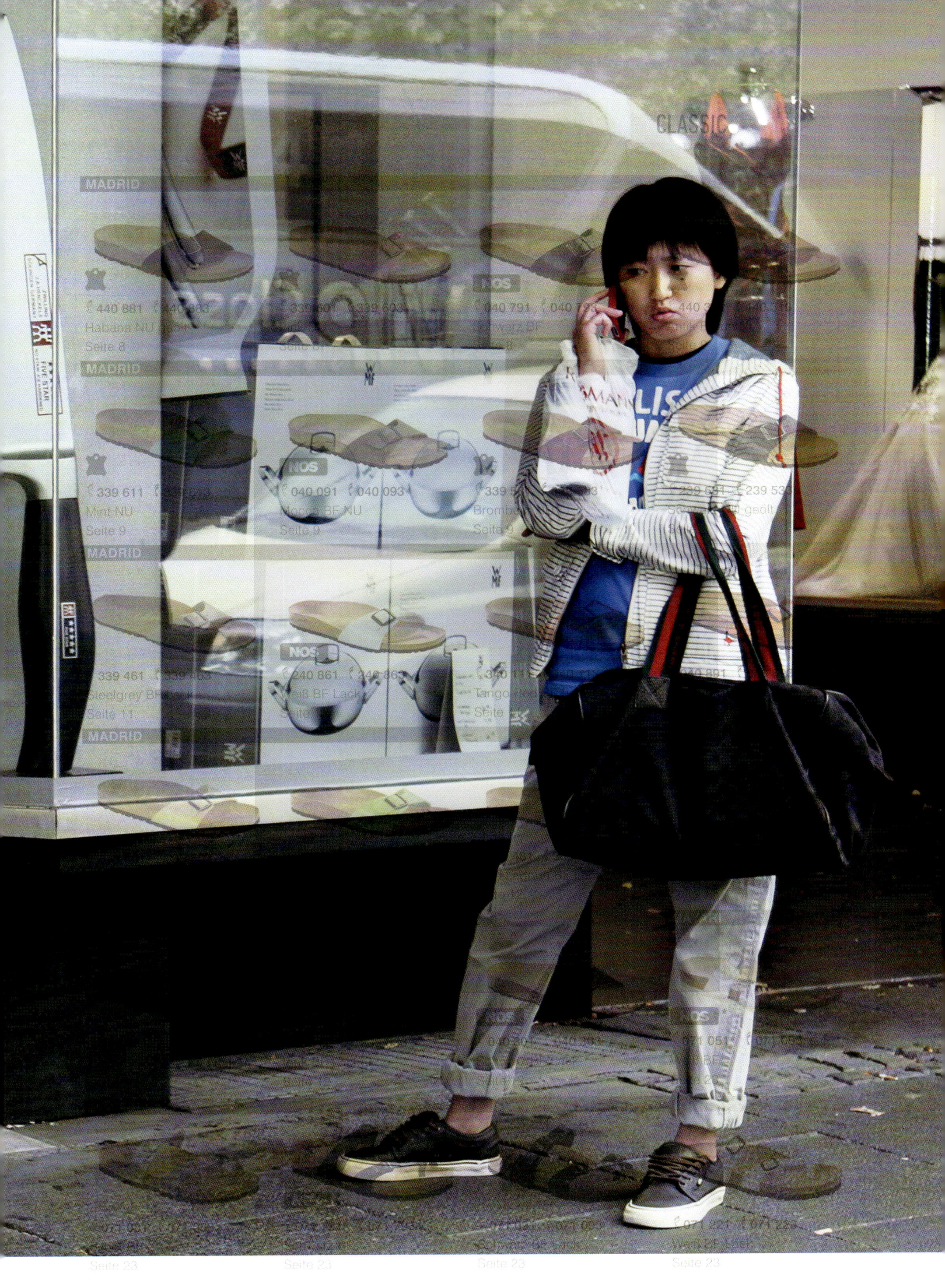
CLASSIC
MADRID
440 881
Habana NU
Seite 8
MADRID
339 611
Mint NU
Seite 9
MADRID
339 461
Steelgrey BF
Seite 11
MADRID
NOS
040 091
040 093
Mocca BF NU
Seite 9
NOS
040 791
NOS
240 861
Seite 23
Seite 23
Seite 23
Seite 23

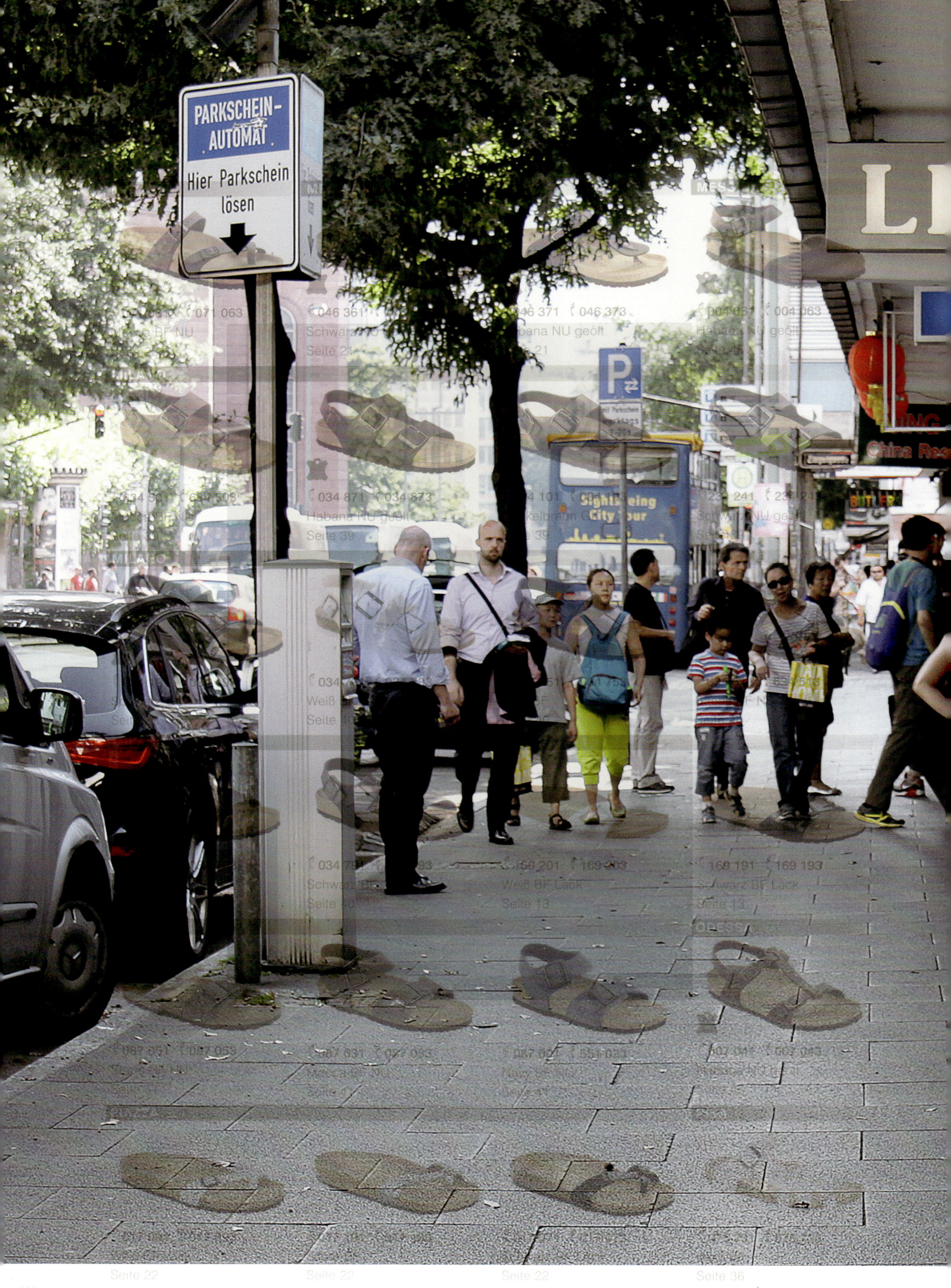
PARKSCHEIN-
AUTOMAT
Hier Parkschein
lösen
Sightseeing
City Tour
China Res